Der Karriere-Kompass für Studierende

Stephan Pflaum

Der Karriere-Kompass für Studierende

Ein Arbeitsbuch zur Selbstreflexion und Orientierung

 Springer

Stephan Pflaum
Ludwig Maximilians University
München, Bayern, Deutschland

ISBN 978-3-658-28846-4   ISBN 978-3-658-28847-1   (eBook)
https://doi.org/10.1007/978-3-658-28847-1

Die Deutsche Nationalbibliothek verzeichnet diese Publikation in der Deutschen Nationalbibliografie; detail-
lierte bibliografische Daten sind im Internet über http://dnb.d-nb.de abrufbar.

Planung/Lektorat: Eva Brechtel-Wahl
Springer ist ein Imprint der eingetragenen Gesellschaft Springer Fachmedien Wiesbaden GmbH und ist ein Teil
von Springer Nature.
Die Anschrift der Gesellschaft ist: Abraham-Lincoln-Str. 46, 65189 Wiesbaden, Germany

Vorwort

Vor Kurzem unterhielt ich mich mit meiner Führungskraft an der LMU München über das Thema Karriereberatung für Studierende und damit über den Inhalt dieses Buches. Insbesondere ein Satz blieb mir in Erinnerung, dem ich uneingeschränkt zustimmte:

Viele Studierende suchen nach Jobs, sehen sich dutzende Stellenanzeigen an und fragen sich intensiv „Kann ich das?" und „Wollen die mich?". Dabei vergessen sie die viel wichtigere Frage nach dem **„Will ich das?"**. Dieser so viel wichtigeren Frage widmet sich dieses Buch.

Es richtet sich mit seinen Überlegungen an Studierende aller Fachbereiche vor der Aufnahme eines Studiums bis zur Zeit nach dem Bachelor und/oder dem Master-abschluss. Konzipiert ist es als Arbeitsbuch und Nachschlagewerk, das vielleicht nicht alle Antworten auf alle Fragen aber stets eine erste Orientierung bietet.

So schreibe ich dieses Buch vor dem Hintergrund meiner langjährigen Erfahrung als Personaler in verschiedenen Unternehmen und seit 2012 als Berater für Studierende an der Ludwig-Maximilians-Universität München. Die folgenden Seiten orientieren sich an den Fragen, die mir Studierende und Schülerinnen in den vergangenen Jahren immer wieder stellten. Es ist mein Ziel, Sie dabei zu unterstützen, Ihre persönliche, Ihre eigene Antwort auf diese Fragen zu finden:

- Welches Fach soll ich studieren, bzw. studiere ich das richtige Fach?
- Welche Kompetenzen habe ich, welche sollte ich mir aneignen?
- Wie plane ich die ersten Schritte meiner Karriere?
- Welche Jobs, Praktika oder Werkstudentinnenstellen passen zu mir?
- Wo finde ich Beratung und Hilfe an der Hochschule?
- Was sollte ich über mein Studium hinaus tun?
- Macht ein Auslandssemester Sinn?
- Wie bereite ich mich auf ein Auslandspraktikum vor?
- Will ich den Master oder die Promotion?
- Wie bewerbe ich mich und wie laufen Bewerbungsprozesse ab?
- …

Ganz im Sinne von „auch Ratschläge sind Schläge" handelt es sich um keinen klassischen Ratgeber, sondern um ein mit Tipps angereichertes Arbeitsbuch, mit dem Sie sich selbst und Ihre Pläne zielführend reflektieren können. An einigen Stellen werden Sie aufgefordert, Ihre eigenen Überlegungen mit Verwandten, Freundinnen, Bekannten und Kolleginnen abzugleichen. Ihr Selbstbild wird so um ein stimmiges Fremdbild ergänzt, was meines Erachtens für eine vollständigen Selbstreflexion unabdingbar ist.

Das Buch begleitet Sie auf allen wichtigen Stationen Ihres Studiums bis hin zu Ihren ersten Schritten auf dem Arbeitsmarkt. Das Buch unterstützt Sie dabei, während des Studiums die eine oder andere Weiche für Ihre spätere Karriere richtig zu stellen.

Im Sinne der Lesbarkeit ist das Buch durchgehend in der weiblichen Form geschrieben. Selbstverständlich richtet sich dieser Guide an alle Studierenden unabhängig von ihrem Geschlecht.

Wenn Sie Fragen haben, zögern Sie nicht, Kontakt mit mir aufzunehmen: stephan.pflaum@lmu.de.

Dr. Stephan Pflaum

Danksagung

Dieses Buch lebt von meinen Erfahrungen als Leiter des Mentoringprogramms und Organisator der Career Community der Ludwig-Maximilians-Universität München. Mein Dank richtet sich daher zuerst an die Studierenden, Mentees und Mentorinnen der Hochschule. Meine (Beratungs-)Gespräche mit ihnen trugen maßgeblich zum Inhalt der folgenden Seiten bei. Bedanken will ich mich auch bei meiner Führungskraft, Dirk Erfurth. Sein Feedback und seine Anregungen zu Beginn dieses Buchprojekts waren mir besonders wichtig. Zudem bedanke ich mich bei meinem Mann Thomas für das konstruktive Korrekturlesen und seine inhaltlichen Anmerkungen. Und schließlich gilt mein Dank meinen aktuellen und ehemaligen studentischen Mitarbeiterinnen Charlotte Söding, Christine Spitzkopf, Daniela Pilz, Julia Weiss, Michael Brielmaier, Janett Claus, Jan Batzner und Kenny Smiles Lartey, die mich bei allen Projekten rund um die Career Community (www.s-a.lmu.de/cc) der LMU stets aufs Beste unterstützen.

Inhaltsverzeichnis

Tabellenverzeichnis

Was bedeutet es eigentlich, Karriere zu machen?

Inhaltsverzeichnis

Elektronisches Zusatzmaterial Die elektronische Version dieses Kapitels enthält Zusatzmaterial, das berechtigten Benutzern zur Verfügung steht. https://doi.org/10.1007/978-3-658-28847-1_1

© Springer Fachmedien Wiesbaden GmbH, ein Teil von Springer Nature 2020
S. Pflaum, *Der Karriere-Kompass für Studierende*,
https://doi.org/10.1007/978-3-658-28847-1_1

1.1   Was „Karriereblättchen" dazu sagen

Wer kennt sie nicht, die kostenlosen Zeitungen, die in Massen an den Hochschulen, in den Mensen und Wohnheimen ausliegen oder als Beigabe zum Studentenabonnement einer Zeitung zu begeistern versuchen. Als ich Student war, blätterte ich diese Magazine immer wieder durch, las Artikel, um sie wenig später mehr frustriert als motiviert zu schließen.

In der Regel bestehen diese Hefte nur zu 50 % aus Redaktionellem. Und bei der Lektüre hatte ich dabei immer wieder den Eindruck: Wer mit Ende 20 noch keine zwei Unternehmen gegründet, keine Führungsposition innehat und nicht mehr als 100.000 EUR im Jahr verdient, der hat es nicht geschafft. Insbesondere Beiträge über Geistes- und Sozialwissenschaftlerinnen lesen sich, als ob es die eine oder andere trotz und nicht wegen ihres Studiums in eine gute Position gebracht hat.

Die andere Hälfte der Magazine besteht aus Werbung für Studentenrabatte und aus Stellenanzeigen meist großer und bekannter Unternehmen, die ausschließlich die eben skizzierten Überflieger suchen. Nur selten hat mich eine dieser Anzeigen angesprochen und es hat ein paar Jahre gedauert, bis ich verstanden habe, dass der Fehler nicht bei mir liegt, sondern am verzerrten Bild von Karriere und Arbeitsmarkt, den diese Hefte vermitteln. Aber: Sie haben mich letzten Endes auch motiviert, dieses Buch zu schreiben.

Mein Tipp: Lesen Sie diese Hefte ruhig, aber bewahren Sie sich Ihr Selbstbewusstsein, indem Sie eine ähnliche kritische Distanz zum Inhalt einnehmen, wie gegenüber Boulevardblättchen. Die Wirklichkeit sieht anders aus. Die Wirklichkeit sind Sie. Und Sie sind gut so, wie Sie sind.

Das Online-Material zum Buch finden Sie im Anhang und auf SpringerLink.

1.2   Wissenschaft: Was die Forschung dazu sagt

1.2.1   Der Mythos vom „the only way is up"

Ich kann mich gut erinnern, als ich 2008 einen Job nach wenigen Monaten während der Probezeit kündigte. Mein Bauch sagte mir schon nach wenigen Tagen: „Hier wirst Du nicht glücklich!" Und aus heutiger Sicht hätte ich viel früher gehen sollen. Was mich hielt, war die Angst davor, dass meine Kündigung als Versagen gewertet wird und ich nie wieder einen Job finden würde.

Tatsächlich aber hat mich nur einmal jemand danach gefragt, warum ich nur vier Monate plus bei diesem Unternehmen war, sachlich und ohne Wertung. Meine kurze und ebenfalls sachliche Antwort dazu war: „Es hat einfach nicht gepasst. Ich habe mir den Job anders vorgestellt und vermutlich hat auch meine Arbeitgeberin etwas anderes erwartet und so haben wir beschlossen, uns zu trennen." Das hat als Antwort gereicht und selbst bei weiterer Nachfrage – die nicht kam – wäre ich nicht auf Details eingegangen, sondern hätte nur ergänzt: „Was, wie und wo ich arbeite, das muss nicht nur vom Verstand her passen, sondern es muss auch vom Bauch und Herz her passen. Das hat mich diese negative Job-Episode im positiven Sinne gelehrt."

1.2.2 Lücken und Wenden sind normal

Ich versichere Ihnen: Es gibt kein Leben ohne Lücken, Wenden und Brüche. Ging es bei der Erstellung von CVs bis vor wenigen Jahren in all den Ratgebern noch darum, vorhandene Lücken möglichst zu kaschieren oder zu rechtfertigen, geht der Trend erfreulicherweise dahin, nur einige Monate dauernde Lücken nicht mehr zu thematisieren und mit Wenden – das Wort gefällt mir besser als das Wort „Brüche" – selbstbewusst und reflektiert umzugehen.

1.2.3 Studienabbruch oder -wechsel

Nach vier Semestern Politikwissenschaft wechselte ich in den Studiengang Soziologie. Zunächst fühlte sich das wie zwei verschenkte Jahre an, wie mir damals von Karrierezeitschriften vermittelten wurde, die mir wohl bis zum Ende meiner Erwerbsbiographie vorgerechnet würden. Tatsächlich wurde ich auch hier nur in einem einzigen Bewerbungsgespräch kurz nach meinem Studium danach gefragt und das des ehrlichen Interesses halber, weil die mir gegenübersitzende Personalerin einen ähnlichen Wechsel in ihrem Studium vollzog. So war das kein Hindernis, sondern es war Auftakt für ein gut weiterlaufendes Bewerbungsgespräch. Die Gründe für einen Wechsel sind ganz unterschiedlich. Sie sollten ggf. in der Lage sein, ihn selbstreflektiert zu begründen. Und selbst wenn Sie aufgrund schlechter Noten oder eines endgültigen Nichtbestehen wechseln, würde es mich als Personaler weniger interessieren, warum sie vermeintlich gescheitert sind, als vielmehr wie Sie mit dieser Erfahrung umgegangen sind, wie Sie weitergemacht haben und was Sie danach geändert haben.

Unabhängig von Karriereüberlegungen: Achten Sie in jeder Phase Ihres Studiums oder Ihres Berufslebens auf Ihre psychische und physische Gesundheit. Zweifel und Ängste gehören ab und an dazu. Wenn Sie aber das Gefühl haben, diese Ängste und/oder Gefühle der Niedergeschlagenheit nehmen überhand, zögern Sie bitte nicht und nehmen die an allen Hochschulen angebotenen psychosozialen Hilfestellungen in Anspruch (siehe Abschn. 3.3.7).

1.2.4   Kündigung nach kurzer Zeit oder in der Probezeit

In der Tat kommt es selten vor, dass Arbeitsverhältnisse bereits in der Probezeit enden. Denn in der Regel hat man die Hoffnung, dass der Bewerbungsprozess so gut ist, dass sich Bewerberin und Unternehmen hinreichend gut kennenlernen. Und dennoch kommt es vor, dass ein bis zwei Interviews oder gar ein mehrtägiges Assessment-Center nicht ausreichen, um das persönliche Profil des Bewerbers mit dem Jobprofil, der Unternehmenskultur oder dem Führungsverständnis abzugleichen. Genau dafür gibt es die Probezeit und zwar für beide Seiten, die Arbeitgeberin und die Arbeitnehmerin. Wenn Sie ein Unternehmen in der Probezeit verlassen oder es sich von Ihnen trennt, reflektieren Sie selbstbewusst die Gründe, vor allem Ihre Gründe und formulieren Sie diese in Worte, sodass Sie ggf. Ihre Entscheidung in wenigen Worten begründen (nicht rechtfertigen!) können.

1.2.5   Lebenslauf des Scheiterns

Nehmen Sie dem Wort „Scheitern" den Schrecken, indem Sie Brüche oder Wechsel als normalen Teil des Lebens betrachten. Johannes Haushofer (2019), Professor für Psychologie an der renommierten Princeton University, hat neben seinem klassischen Lebenslauf, der seine Erfolge dokumentiert, einen Lebenslauf seiner „fails" veröffentlicht. Er dokumentiert all die „rejected papers", abgebrochenen Studien und nicht erfolgreichen Bewerbungen. Denn neben unseren Erfolgen gehören auch unsere Misserfolge zu unserem Leben und haben maßgeblich Anteil an der Formung unserer Persönlichkeit. Aus den meisten Krisen gehen wir reifer und gestärkt hervor. Und auch direkt in einem Bewerbungsgespräch können Sie damit punkten, wie Sie mit einer Krise umgegangen sind und wie Sie danach anders (erfolgreicher!) weitergemacht haben.

1.3   Selbstbild: Was ich dazu denke und fühle

Wenden wir uns nun aber Ihren Stärken, Ihren Kompetenzen zu. In diesem Kapitel werden Sie Ihren Blick nach innen richten. Das bedeutet natürlich wieder Arbeit für Sie. Denn ich werde Ihnen keine fertigen Antworten liefern. Vielmehr ist es ab sofort an Ihnen, sich diese selbst zu geben. Im Abschn. 1.4 werden Sie Ihre Antworten dann mit Menschen aus Ihrem persönlichen und sozialen Umfeld abgleichen. Ich empfehle Ihnen die Aufgaben und Fragen in der angebotenen Reihenfolge zu bearbeiten.

1.3.1   Meine persönlichen Interessen

Auch wenn es sich um einen Karriere-Kompass handelt, richten Sie den Blick zunächst auf Ihre persönlichen/privaten Interessen. Als Teil Ihrer Persönlichkeit haben auch Ihre privaten Interessen maßgeblich Einfluss auf Ihre Karriere und umgekehrt. Hilfreich ist es hier, eine Brücke zwischen Ihren Interessen und Ihren beruflichen Plänen herzustellen. Denn viele Dinge, die Sie in Ihrer Freizeit tun, vor allem wie Sie sie tun, haben auch einen Impact auf Ihre beruflichen Interessen und Ihren beruflichen Werdegang.

Tab. 1.1 Ausfüllhilfe persönliche Interessen

Interesse	Warum interessieren Sie sich dafür?
Ich zeichne in meiner Freizeit sehr gerne und interessiere mich entsprechend auch für Kunst, gehe gerne in Museen und lasse mich inspirieren	Kunst fasziniert mich. Ich gehe gerne durch Museen und lasse meine Gedanken schweifen. Immer wieder kommen mir beim Zeichnen neue Ideen auch für andere Gelegenheiten
	Welche persönlichen Eigenschaften verbinden Sie mit diesem Interesse?
	Ich bin ein sehr kreativer Mensch und lasse mich von anderen kreativen Menschen inspirieren. Ich bin neugierig auf andere Menschen und deren Ideen
	Wo bzw. wie könnten diese Eigenschaften auch beruflich relevant sein?
	Kreativität ist eigentlich in allen Berufen gefragt. Auf diese Weise trainiere ich meine Kreativität. Denn Kreativität ist lernbar. Zudem ist das Zeichnen wichtiger Teil für meine Work-Life-Balance

Nun ist es an Ihnen, Tab. 1.2 mit Ihren Interessen zu befüllen. Viel wichtiger als die Formulierungen sind die Inhalte, lassen Sie daher Ihre Gedanken schweifen und schreiben Sie spontan, was Ihnen in den Sinn kommt.

Tab. 1.2 Meine persönlichen Interessen

Interesse	Warum interessieren Sie sich dafür?
	Welche persönlichen Eigenschaften verbinden Sie mit diesem Interesse?
	Wo bzw. wie könnten diese Eigenschaften auch beruflich relevant sein?
Interesse	Warum interessieren Sie sich dafür?
	Welche persönlichen Eigenschaften verbinden Sie mit diesem Interesse?
	Wo bzw. wie könnten diese Eigenschaften auch beruflich relevant sein?
Interesse	Warum interessieren Sie sich dafür?
	Welche persönlichen Eigenschaften verbinden Sie mit diesem Interesse?
	Wo bzw. wie könnten diese Eigenschaften auch beruflich relevant sein?
Interesse	Warum interessieren Sie sich dafür?
	Welche persönlichen Eigenschaften verbinden Sie mit diesem Interesse?
	Wo bzw. wie könnten diese Eigenschaften auch beruflich relevant sein?

1.3.2   Mein Engagement

Viele Personalerinnen interessieren sich dafür, was Sie neben Ihrem Studium, Ihrer Arbeit, Ihren direkten Karriereplänen tun, z. B. ehrenamtlich. Darüber hinaus ist dieses Engagement ein guter Spiegel Ihrer Persönlichkeit. Was tun Sie aus welcher Motivation für andere Menschen oder mit anderen Menschen? Beispiele für so ein Engagement gehen vom Mitwirken in einer Laientheatergruppe, über Teamsportarten und Feuerwehr bis hin zur ehrenamtlichen Arbeit mit Kindern, älteren Personen oder Geflüchteten. Denken Sie beim Ausfüllen an aktuelle Engagements und an vergangene. Es sollte sich um ein Engagement über eine längere, mehrmonatige oder mehrjährige Aktivität handeln.

Tab. 1.3 Ausfüllhilfe persönliches Engagement

Bezeichnung Ihres Engagements:	
Mentor bei den Students4Refugees	
Kurzbeschreibung in 2-3 Sätzen:	Warum engagieren Sie sich hier?
Ich betreue ehrenamtlich zwei Mentees, einen aus Afghanistan und einen aus Uganda. Sie sind nach Deutschland geflüchtet, haben die Studienzugangsberechtigung in Deutschland und studieren hier. Ich begleite sie bis heute, angefangen vor etwa einem Jahr mit den ganzen Formalien der Einschreibung bis heute, um Sie z.B. bei der Bewerbung auf Praktika zu unterstützen	Bildung ist der wichtigste Schlüssel zur erfolgreichen Integration. Ich will hier meinen Beitrag dazu leisten, dass Geflüchtete sich eine neue Existenz aufbauen können, die Ihren Fähigkeiten und Talenten entspricht. Hier zu unterstützen, gibt mir ein sehr gutes Gefühl
	Was war / sind Ihre wichtigsten Erfahrungen?
	Durch mein Engagement erhielt und erhalte ich Einblicke in zwei andere Kulturen, die ich zuvor nicht kannte. Zudem hilft mir der Austausch sehr, meine eigene Kultur zu reflektieren. Außerdem wurde mir bewusst, wie unglaublich gut es uns hier in Deutschland geht

Tab. 1.4 Mein persönliches Engagement

Bezeichnung Ihres Engagements:	
Kurzbeschreibung in 2-3 Sätzen:	Warum engagieren Sie sich hier?
	Was war / sind Ihre wichtigsten Erfahrungen?
Bezeichnung Ihres Engagements:	
Kurzbeschreibung in 2-3 Sätzen:	Warum engagieren Sie sich hier?
	Was war / sind Ihre wichtigsten Erfahrungen?
Bezeichnung Ihres Engagements:	
Kurzbeschreibung in 2-3 Sätzen:	Warum engagieren Sie sich hier?
	Was war / sind Ihre wichtigsten Erfahrungen?

1.3.3   Meine fachlichen Kompetenzen

Fachliche Kompetenzen erwerben Sie im Rahmen Ihrer akademischen und/oder beruflichen Ausbildung. Sie sind meist mit Zertifikaten und Zeugnissen gut belegbar. Ein weiterer Ausdruck fachlicher Kompetenz sind Ihre Berufserfahrungen, die Sie im Rahmen Ihrer Tätigkeiten in Jobs, Praktika und/oder Werkstudententätigkeiten sammelten. Tab. 1.5 hilft Ihnen, einen ersten Überblick über Ihre fachlichen Kompetenzen zu erstellen:

Tab. 1.5 Quellen Ihrer fachlichen Kompetenzen

- die Fächer und Kurse in Ihrem Notenspiegel,
- die Modulübersicht Ihres Studiums,
- Ihre Zeugnisse über Fort- und Weiterbildungen,
- die Tätigkeitsbeschreibungen in Ihren Arbeitszeugnissen aus Jobs, Praktika und Ehrenämtern,
- Ihre Zertifikate über Sprachkurse
- oder Nachweise aus IT-Kursen.

Es ist gut, eine Übersicht über alle Ihre Fachkompetenzen zu haben. Nicht alle werden Sie für jede Bewerbung, für jeden Job brauchen. So aber können Sie schnell die für ein Motivations- oder Bewerbungsschreiben relevanten herauspicken oder diese mit Blick auf eine bestimmte Stelle in Ihrem CV hervorheben. Tab. 1.6 unterstützt Sie dabei, Ihre Fachkompetenzen zu beschreiben.

Tab. 1.6 Pool an Verben, um fachliche Kompetenzen zu erkennen und zu beschreiben

analysieren – organisieren – delegieren – managen – verwalten – sichten – erfassen – lesen – schreiben – sprechen – erstellen – präsentieren – formulieren – definieren – lösen – umsetzen – kritisieren – lernen – vermitteln – strukturieren – anwenden – entwerfen – evaluieren – kontrollieren – programmieren – leiten – führen – auswerten – darstellen – interpretieren – bewerten – zusammenfassen – entwickeln – gliedern – usw.

Tab. 1.7 Ausfüllhilfe fachliche Kompetenzen

Darin sind Sie richtig gut		
Kompetenz	Ausprägung	Konkretisierung: Beschreiben Sie Ihre Kompetenz in ein bis zwei Stichpunkten und anhand von Beispielen
SAP Module HR & Controlling	–☐☐☐☒☐+	Ich verfüge über das User Zertifikat SAP HR und Controlling und habe erweiterte Anwenderkenntnisse. Im Rahmen zweier Praktika wendete ich meine Kenntnisse häufig an. Auch bin ich mit dem Customizing vertraut. Hier habe ich an zwei IT-Projekten als fachlicher Ansprechpartner mitgewirkt

Tab. 1.8 Meine fachlichen Kompetenzen

Kompetenz	Ausprägung	Konkretisierung: Beschreiben Sie Ihre Kompetenz in ein bis zwei Stichpunkten und anhand von Beispielen
	-☐☐☐☐☐+	
	-☐☐☐☐☐+	
	-☐☐☐☐☐+	
	-☐☐☐☐☐+	
	-☐☐☐☐☐+	
	-☐☐☐☐☐+	
	-☐☐☐☐☐+	
	-☐☐☐☐☐+	
	-☐☐☐☐☐+	
	-☐☐☐☐☐+	

Anschließend können Sie hier einige fachliche Kompetenzen eintragen, an denen Sie arbeiten wollen, derzeit arbeiten oder die Sie in nächster Zeit erwerben wollen.

Tab. 1.9 Ausfüllhilfe fachliche Kompetenzen, an denen Sie arbeiten

Kompetenz	Ausprägung	Konkretisierung: Wie werden Sie daran arbeiten?
Schwedische Sprache	− ☐ ☒ ☐ ☐ +	Derzeit lerne ich privat die schwedische Sprache. Mein Sprachniveau ist aktuell A2. In einem Jahr will ich B2 erreicht haben

Tab. 1.10 Übersicht der fachlichen Kompetenzen, an denen Sie arbeiten

Kompetenz	Ausprägung	Konkretisierung: Wie werden Sie daran arbeiten?
	− ☐ ☐ ☐ ☐ +	
	− ☐ ☐ ☐ ☐ +	
	− ☐ ☐ ☐ ☐ +	

Abschließend kann es hilfreich sein, über Dinge zu reflektieren, die Ihnen fachlich nicht liegen. In manchen Jobinterviews ist das eine beliebte Stressfrage.

Tab. 1.11 Ausfüllhilfe fachliche Kenntnisse, die Ihnen nicht liegen

Kompetenz	Ausprägung	Konkretisierung: Warum liegt Ihnen das nicht? Wie gehen Sie damit um?
Im 10-Finger-System zu tippen	− ☐ ☐ ☒ ☐ ☐ +	Ich schreibe seit vielen Jahren in meinem eigenen drei bis sechs Fingersystem. Zweimal habe ich versucht, das 10-Finger-Schreiben zu lernen und habe es aufgegeben. Ich denke, dass ich mit meinem System eine angemessene Geschwindigkeit habe. Zudem diktiere ich auch immer wieder mit der entsprechenden Funktion in Word

1.3.4   Meine sozialen Kompetenzen

Ihre sozialen Kompetenzen gehören zu den sogenannten Softskills und beschreiben Ihre Eigenschaften im Umgang mit anderen Menschen, Gruppen und Institutionen. Für viele Branchen und Berufe sind sie nicht zweitrangig, sondern gleichwertig mit Ihren fachlichen Qualifikationen zu sehen. In Tab. 1.12 sehen Sie eine Auswahl von sozialen Kompetenzen ohne Anspruch auf Vollständigkeit. Wählen Sie diejenigen aus (bzw. ergänzen Sie diejenigen), die Ihnen relevant erscheinen und die Sie mit konkreten Handlungsbeispielen aus Ihrem persönlichen und/oder beruflichen Werdegang untermauern können.

Tab. 1.12 Fachliche Kenntnisse, die mir nicht liegen

Das liegt Ihnen gar nicht		
Kompetenz	Ausprägung	Konkretisierung: Warum liegt Ihnen das nicht? Wie gehen Sie damit um?
	-□□□□□+	
Kompetenz	Ausprägung	Konkretisierung: Warum liegt Ihnen das nicht? Wie gehen Sie damit um?
	-□□□□□+	

Tab. 1.13 Pool an sozialen Kompetenzen

Auf Andere zugehen–Empathie/Einfühlungsvermögen –Fähigkeit zu Delegieren – Fähigkeit, auch nein zu sagen – Führungsfähigkeiten fachlich – Führungsfähigkeiten persönlich - Grenzen erkennen und ziehen- Hilfsbereitschaft - Interkulturelle Kompetenz – Kommunikationsfähigkeit – Konfliktfähigkeit – Kooperationsfähigkeit – Kritikfähigkeit (Kritik an Andere richten) – Kritikfähigkeit (Kritik empfangen) – Moderationsgeschick – Motivationsfähigkeit (mit Blick auf Andere) – Networking – Offenheit gegenüber Anderen – Teamfähigkeit – Umgangsformen – Verantwortungsbewusstsein (mit Blick auf Andere) – Verhandlungsgeschick – …

Tab. 1.14 Ausfüllhilfe soziale Kompetenzen

Kompetenz	Ausprägung	Konkretisierung: Woran erkennt man diese soziale Kompetenz bei Ihnen? Woran machen Freundinnen/Bekannte/Kolleginnen das an Ihnen fest?
Empathie	-☐☐☐☒☐+	Ich kann mich sehr gut in andere hineinversetzen und habe ein gutes Gespür für soziale Situationen. Gelernt oder bzw. gemerkt habe ich das bei meinem BUFDI. Im Altersheim konnte ich mich gut auf die Bewohner, die sehr unterschiedlich waren einstellen, ihre Bedürfnisse erkennen und mein Verhalten ihren Bedürfnissen anpassen. Heute geht es mir in der Teamarbeit ähnlich. Ich merke sehr schnell, wie die Stimmung ist, wo es vielleicht eine Verstimmung gibt und finde den richtigen Ton im Umgang mit anderen

Tab. 1.15 Übersicht Ihrer sozialen Kompetenzen

Kompetenz	Ausprägung	Konkretisierung: Woran erkennt man diese soziale Kompetenz bei Ihnen? Woran machen Freundinnen/Bekannte/Kolleginnen das an Ihnen fest?
	-☐☐☐☐☐+	
	-☐☐☐☐☐+	
	-☐☐☐☐☐+	
	-☐☐☐☐☐+	
	-☐☐☐☐☐+	

Wie bei den fachlichen Kompetenzen können Sie hier reflektieren, bei welchen sozialen Kompetenzen Sie noch Entwicklungspotenzial sehen und an denen Sie arbeiten wollen.

Tab. 1.16 Ausfüllhilfe soziale Kompetenzen, an denen Sie arbeiten

Kompetenz	Ausprägung	Konkretisierung: Wie wollen Sie an diesen sozialen Kompetenzen arbeiten?
Konfliktfähigkeit	– ☐ ☐ ☐ ☒ ☐ +	Ich merke manchmal, dass es mir ab und an schwerfällt, „Nein" zu sagen. Ich glaube, dass ich hier versuche, mögliche aber nicht unbedingt zwingende Konflikte zu vermeiden. Ich versuche, ein unangenehmes Gefühl beim Nein sagen zu vermeiden. Aktuell arbeite ich mit meinem Mentor an diesem „Problem" und wir gehen immer wieder Strategien durch, wie ich hier besser werden kann

Tab. 1.17 Übersicht soziale Kompetenzen, an denen Sie arbeiten, die noch Entwicklungspotenzial haben

Kompetenz	Ausprägung	Konkretisierung: Wie werden Sie daran arbeiten?
	– ☐ ☐ ☐ ☐ ☐ +	
	– ☐ ☐ ☐ ☐ ☐ +	

1.3.5 Meine methodischen Kompetenzen

Auf welche Art und Weise und wie gut gehen Sie an Fragestellungen und Probleme heran? Auf diese Frage geben Ihre methodischen Kompetenzen die Antwort. Sie beschreiben, wie Sie Ihr Wissen aus den fachlichen Kompetenzen in der Praxis anwenden.

Tab. 1.18 Pool an methodischen Kompetenzen

analysieren – organisieren – delegieren – managen – verwalten – sichten – erfassen – lesen – schreiben – sprechen – erstellen – präsentieren – formulieren – definieren – lösen – umsetzen – kritisieren – lernen – vermitteln – strukturieren – anwenden – entwerfen – evaluieren – kontrollieren – programmieren – leiten – führen – auswerten – darstellen – interpretieren – bewerten – zusammenfassen – entwickeln – gliedern – usw.

Tab. 1.19 Ausfüllhilfe methodische Kompetenzen

Kompetenz	Ausprägung	Konkretisierung: Woran erkennt man diese methodische Kompetenz Ihnen?
Strukturieren	- ☐ ☐ ☐ ☒ ☐ +	Ich bin sehr gut darin zu strukturieren. Im Kleinen bedeutet dies zum Beispiel, dass ich nach einem Team Brainstorming sehr gerne daran gehe, die Ideen zu sortieren und zu strukturieren. In einem größeren Kontext kann ich sagen, dass ich sehr gut darin bin, Projekte und Projektaufgaben in Pläne zu strukturieren. Auch mit Blick auf Texte und Konzepte fällt es mir vergleichsweise leicht, beim Schreiben eine Struktur zu entwerfen

Tab. 1.20 Übersicht meiner methodischen Kompetenzen

Kompetenz	Ausprägung	Konkretisierung: Woran erkennt man diese methodische Kompetenz Ihnen?
	-☐☐☐☐☐+	
	-☐☐☐☐☐+	
	-☐☐☐☐☐+	
	-☐☐☐☐☐+	
	-☐☐☐☐☐+	

Tab. 1.21 Ausfüllhilfe methodische Kompetenzen, an denen Sie arbeiten

Kompetenz	Ausprägung	Konkretisierung: Woran erkennt man diese methodische Kompetenz Ihnen?
Programmieren	-☐☐☐☒☐+	Im Studium und in meinen Praktika arbeite ich sehr viel mit Excel und SPSS. Mit der Syntax für SPSS habe ich das erste Mal eine Programmiersprache angewandt. Mit Visual Basic für Excel lerne ich gerade eine zweite und versuche hier, meine Skills weiter auszubauen

Tab. 1.22 Übersicht methodischer Kompetenzen, an denen Sie arbeiten

Kompetenz	Ausprägung	Konkretisierung: Woran erkennt man diese methodische Kompetenz Ihnen?
	-☐☐☐☐☐+	
	-☐☐☐☐☐+	

1.3.6   Meine persönlichen Kompetenzen

Ihre persönlichen Kompetenzen bilden in Summe Ihren Charakter. Was für ein Mensch sind Sie? Welche persönlichen Stärken zeichnen Sie aus? Oder wo merken Sie, dass Sie an bestimmten Ihrer Wesenszüge noch arbeiten müssen?

Tab. 1.23 Pool an persönlichen Kompetenzen

anpassungsfähig – ausdrucksstark – authentisch – begeisterungsfähig – belastbar – durchsetzungsstark – eigenverantwortlich – entschieden – extrovertiert – flexibel – glaubwürdig – initiativ – innovativ – introvertiert – intuitiv – konservativ – kontrolliert – kreativ – leistungsbereit – leistungsorientiert – lernfähig – lernwillig – liberal – loyal – motiviert – mutig - offen für Neues – organisiert – reflektiert – risikobereit – ruhig – selbstbewusst – selbstkritisch – sorgfältig – stressresistent – systematisch – tolerant – transferfähig – überlegt – veränderungsbereit – verantwortungsvoll – weltoffen – zielorientiert

Tab. 1.24 Ausfüllhilfe persönliche Kompetenzen

Kompetenz	Ausprägung	Konkretisierung: Woran erkennt man diese persönliche Kompetenz an Ihnen? Woran machen Freundinnen/ Bekannte/Kolleginnen diese an Ihnen fest?
Begeisterungsfähig	-☐☐☐☒☐+	Ich würde mich selbst als „early adaptor" bezeichnen. Ich kann mich in vielen Bereichen für neue Trends begeistern. Im privaten Bereich befasse ich mich daher sehr stark mit Entwicklungen im Bereich der Technik und der neuen Medien. Auch im Arbeitsumfeld begeistern mich neue Themen. So arbeite ich gerne in innovativen Projekten mit

Tab. 1.25 Meine persönlichen Kompetenzen

Kompetenz	Ausprägung	Konkretisierung: Woran erkennt man diese persönliche Kompetenz an Ihnen? Woran machen Freundinnen/ Bekannte/Kolleginnen diese an Ihnen fest?
	-☐☐☐☐☐+	
	-☐☐☐☐☐+	
	-☐☐☐☐☐+	
	-☐☐☐☐☐+	
	-☐☐☐☐☐+	

Wo persönliche Stärken sind, gibt es auch Schwächen oder besser gesagt Entwicklungsfelder. In Bewerbungsgesprächen wird die Frage nach den Schwächen immer wieder mal gerne gestellt. Bei der Antwort will die Personalerin nicht hören, dass Sie alle Ihre Schwächen perfekt im Griff oder überwunden haben. Vielmehr geht es darum, wie Sie damit umgehen.

Tab. 1.26 Ausfüllhilfe persönliche Kompetenzen, an denen Sie arbeiten

Kompetenz	Ausprägung	Konkretisierung: Woran erkennt man dieses Entwicklungsfeld an Ihnen? Wie gehen Sie damit um?
Geduld	-☐☐☐☒☐+	Manchmal bin ich in der Tat ein ungeduldiger Mensch. Ich treffe Entscheidungen sehr schnell und versuche so, schnell an meine Ziele zu kommen. Es kommt auch vor, da will gut Ding eher Weile haben und man muss vor allem wichtige Entscheidungen gut abwägen. Ich arbeite an meiner „Ungeduld", indem ich z.B. bei wichtigen beruflichen Entscheidungen zu mir sage, ich müsse da erst einmal eine Nacht darüber schlafen. Inzwischen gelingt mir das meist ganz gut

Tab. 1.27 Übersicht persönliche Kompetenzen, an denen Sie arbeiten

Kompetenz	Ausprägung	Konkretisierung: Woran erkennt man dieses Entwicklungsfeld an Ihnen? Wie gehen Sie damit um?
	-☐☐☐☐+	
	-☐☐☐☐+	

1.3.7 Zusammenfassung

In den folgenden zwei Tabellen können Sie Ihre Kompetenzen noch einmal auf einen Blick zusammenfassen. So haben Sie eine schnelle Übersicht gewonnen.

Tab. 1.28 Zusammenfassung Ihrer wichtigsten Kompetenzen

Meine fachlichen Kompetenzen:	Meine sozialen Kompetenzen:
Meine methodischen Kompetenzen:	Meine personalen Kompetenzen:

Tab. 1.29 Zusammenfassung Ihrer Entwicklungsfelder

Fachliche Kompetenzen:	Soziale Kompetenzen:
Methodische Kompetenzen:	Personale Kompetenzen:

1.4   Fremdbild: Was Andere dazu sagen können

Nach der Innenschau gilt es, das von Ihnen erarbeitete Selbstbild mit den Eindrücken Ihrer sozialen Umwelt abzustimmen. Gehen Sie auf Menschen zu, die Ihnen nahestehen und denen Sie mit Blick auf eine ehrliche Antwort vertrauen. Seien Sie offen für positives und negatives Feedback. Sie können mit der jeweiligen Person des Vertrauens die selbst gemachten Angaben grob durchgehen. Im Anschluss führen Sie die folgenden Interviews mit Ihren ausgewählten Personen. Ob Sie die Bögen in der Ich-Form oder aus Sicht der anderen Person ausfüllen, ist Ihnen überlassen.

Tab. 1.30 Ausfüllhilfe Fremdbild

Name der / Beziehung zur Person:
Mein Bruder
Was für ein Mensch bin ich?
- Du bist seit der Kindheit sehr neugierig, immer offen für Neues - Es fällt dir leicht, mit anderen Menschen ins Gespräch zu kommen - Du hast viele Interessen und verfolgst diese mit viel Engagement
Was schätzt Du besonders an mir?
- ..., dass du immer auf andere achtest und deine Umwelt in deine Überlegungen mit einbeziehst - ..., dass du für einen da bist, wenn man dich braucht - ..., dass du dich als Onkel auch immer mit um unsere Kinder kümmerst, sie bei ihren Plänen unterstützt
Woran sollte ich arbeiten?
- Mehr Geduld mit anderen Menschen, wenn diese überlegter oder konservativer an Dinge herangehen - Nein sagen lernen, wenn jemand etwas von Dir braucht - Bewussterer Umgang mit dem Smartphone
Eigene Frage (ggf. zur befragten Person passend):
Zu welchem Beruf rätst Du mir ganz spontan?
- Ein Beruf, bei dem du viel mit Menschen arbeitest - Idealerweise aus dem sozialen Bereich

1.4.1   Verwandte

Ihre Verwandten kennen Sie am längsten und können viel darüber erzählen, wie Sie sich im Laufe der Zeit von Ihrer Kindheit bis heute entwickelt haben. Beachten Sie aber auch, dass die subjektiven Eindrücke Ihrer Verwandtschaft tendenziell in die Richtung positiven Feedbacks verzerrt sind. Fragen Sie deshalb immer wieder nach, woran konkret man eine bestimmte Eigenschaft an Ihnen erkennt.

Tab. 1.31 Verwandtschaft 1

Name / Beziehung:
Was für ein Mensch bin ich?
Was schätzt Du besonders an mir?
Woran sollte ich arbeiten?
Eigene Frage (ggf. zur befragten Person passend):

Tab. 1.32 Verwandtschaft 2

Name / Beziehung:
Was für ein Mensch bin ich?
Was schätzt Du besonders an mir?
Woran sollte ich arbeiten?
Eigene Frage (ggf. zur befragten Person passend):

Tab. 1.33 Verwandtschaft 3

Name / Beziehung:
Was für ein Mensch bin ich?
Was schätzt Du besonders an mir?
Woran sollte ich arbeiten?
Eigene Frage (ggf. zur befragten Person passend):

1.4.2   Freundinnen und Bekannte

Nach der Familie stehen Ihnen Ihre Freundinnen und Bekannten am nächsten. Auch von diesen werden Sie gute subjektive Einschätzungen erhalten. Bitte achten Sie wie bei Ihrer Verwandtschaft darauf, dass Sie positives Feedback nach konkreten Ausprägungen hinterfragen.

Tab. 1.34 Freunde und Bekannte 1

Name der / Beziehung zur Person:
Was für ein Mensch bin ich?
Was schätzt Du besonders an mir?
Woran sollte ich arbeiten?
Eigene Frage (ggf. zur befragten Person passend):

Tab. 1.35 Freunde und Bekannte 2

Name der / Beziehung zur Person:
Was für ein Mensch bin ich?
Was schätzt Du besonders an mir?
Woran sollte ich arbeiten?
Eigene Frage (ggf. zur befragten Person passend):

Tab. 1.36 Freunde und Bekannte 3

Name der / Beziehung zur Person:
Was für ein Mensch bin ich?
Was schätzt Du besonders an mir?
Woran sollte ich arbeiten?
Eigene Frage (ggf. zur befragten Person passend):

1.4.3 Mentorin

In Abschn. 3.3.5 erfahren Sie mehr über das Thema Mentoring und wie Sie an eine Mentorin kommen. Anders als von Ihrer Familie und Ihrem Bekanntenkreis können Sie von Ihrer Mentorin eine mehr objektive Sichtweise auf Ihre Entwicklung und Ihre Eigenschaften erwarten. Zudem kommt Ihre Mentorin in der Regel aus einem Bereich, in dem Sie später selbst einmal arbeiten wollen. Sie erhalten dadurch fachliches und persönliches Feedback, das Ihnen Ihre Verwandten und Bekannten meist nicht geben können.

Tab. 1.37 Mentorin

Name der / Beziehung zur Person:
Was für ein Mensch bin ich?
Was schätzt Du besonders an mir?
Woran sollte ich arbeiten?
Eigene Frage (ggf. zur befragten Person passend):

1.4.4   Führungskräfte oder Kolleginnen

Eine ideale Quelle für Feedback zu Ihren Eigenschaften und Kompetenzen sind Ihre (ehemaligen) Kolleginnen und Führungskräfte aus Praktika, Werkstudentenstellen oder auch aus Ihren Nebenjobs. Ähnlich wie bei der Mentorin erhalten Sie hier ein gutes Feedback zu Ihrer Person, eng verknüpft mit Ihren fachlichen Fähigkeiten. Sie können hier ganz offen auf diese Personen zugehen. Die meisten Menschen freuen sich, wenn man Sie nach deren Meinung fragt.

Tab. 1.38   Arbeitsumfelder 1

Name der / Beziehung zur Person:
Was für ein Mensch bin ich?
Was schätzt Du besonders an mir?
Woran sollte ich arbeiten?
Eigene Frage (ggf. zur befragten Person passend):

Tab. 1.39 Arbeitsumfelder 2

Name der / Beziehung zur Person:
Was für ein Mensch bin ich?
Was schätzt Du besonders an mir?
Woran sollte ich arbeiten?
Eigene Frage (ggf. zur befragten Person passend):

Tab. 1.40 Arbeitsumfelder 3

Name der / Beziehung zur Person:
Was für ein Mensch bin ich?
Was schätzt Du besonders an mir?
Woran sollte ich arbeiten?
Eigene Frage (ggf. zur befragten Person passend):

1.5   Mein Karriere-Leitbild

„Wenn ich das erreicht habe, dann habe ich es geschafft?" Gehen Sie mit dieser Frage in sich und überlegen sich drei Kernthesen, die Ihre Karrierepläne beschreiben. Denken Sie dabei an die nächsten fünf bis zehn Jahre.

Tab. 1.41 Ausfüllhilfe Mein Karriere-Leitbild

1.	Ich will in einem Job arbeiten, bei dem ich viel mit <u>unterschiedlichen Menschen</u> zu tun habe
2.	Mir ist wichtig, dass mein Job einen <u>Social Impact</u> hat und ich mit ihm aktiv etwas Positives in der Gesellschaft verwirkliche
3.	Ich strebe eine <u>Führungsposition</u> an und will zum Beispiel verschiedene <u>Projekte</u> leiten

Tab. 1.42 Mein Karriere-Leitbild

1.	
2.	
3.	

Fassen Sie Ihre Sätze kurz, sodass Sie sich diese gut einprägen können. Unterstreichen Sie in jedem Satz das wichtigste Stichwort.

Weiterführende Literatur

El-Mafaalani A (2014) Vom Arbeiterkind zum Akademiker. Über die Mühen des Aufstiegs. Konrad-Adenauer-Stiftung, Sankt Augustin

Erpenbeck J, Sauter W (2015) Stoppt die Kompetenzkatastrophe: Wege in eine neue Bildungswelt. Springer, Berlin

Erpenbeck J, von Rosenstiel L (Hrsg) (2007) Handbuch Kompetenzmessung. Erkennen, verstehen und bewerten von Kompetenzen in der betrieblichen, pädagogischen und psychologischen Praxis. Schäffer-Poeschel, Stuttgart

Haushofer J (2019) CV of failures. https://www.princeton.edu/~joha/Johannes_Haushofer_CV_of_Failures.pdf. Zugegriffen: 25. Sept. 2019

Hillebrecht S (2017) Die zweite Karriere. Theoretische Basis und praktische Modelle für den beruflichen Neustart. Springer, Berlin

Kauffeld S, Spurk D (Hrsg) (2018) Handbuch Karriere und Laufbahnmanagement. Springer, Berlin

Mell H (2014) Erfolgreiche Karriereplanung. Praxistipps für Bewerbung, Beruf und Karriere vom erfahrenen Personalberater. Springer, Berlin

Pflaum S, Wüst L (2018) Der Mentoring Kompass für Unternehmen und Mentoren: Persönliche Erfahrungsberichte, Erfolgsprinzipien aus Forschung und Praxis. Springer, Berlin

Pflaum Stephan (2016) Mentoring beim Übergang vom Studium in den Beruf: Eine empirische Studie zu Erfolgsfaktoren und wahrgenommenem Nutzen. Springer, Berlin

Reichhart T (2019) Das Prinzip Selbstfürsorge. Wie wir Verantwortung übernehmen und gelassen und frei leben. Kösel, München

Wehrle M (2011) Karriereberatung. Menschen wirksam im Beruf unterstützen. Beltz, Weinheim

Den Karriereplan konkretisieren

Inhaltsverzeichnis

Das Karriere-Leitbild dient Ihnen als Überschrift für Ihren Karriereplan. Im nächsten Schritt geht es darum, Ihre Pläne zu konkretisieren. Orientieren Sie sich bei der Formulierung Ihrer Karriereziele am besten am SMART-Prinzip:

Tab. 2.1 SMART-Prinzip

s-pezifisch	Formulieren Sie Pläne und Ziele kurz, konkret und prägnant
m-essbar	Machen Sie Ihre Ziele messbar. Woran kann man erkennen, dass Sie Ihr Ziel erreicht haben?
a-nspruchsvoll	Ihre Ziele sollten anspruchsvoll / attraktiv sein. Eine gewisse Herausforderung sollte damit verbunden sein
r-ealistisch	Aber setzen Sie sich realistische Ziele für Ihre Pläne
t-erminiert	Legen Sie möglichst genau fest, bis wann Sie Ihre Ziele erreicht haben wollen

© Springer Fachmedien Wiesbaden GmbH, ein Teil von Springer Nature 2020
S. Pflaum, *Der Karriere-Kompass für Studierende*,
https://doi.org/10.1007/978-3-658-28847-1_2

2.1   Next Levels: langfristige Pläne

Sehen Sie sich noch einmal Ihr Karriere-Leitbild aus Abschn. 2.3 an und leiten Sie daraus einige konkrete längerfristige Ziele ab. Was braucht es, um Ihr Leitbild zu verwirklichen? Denken Sie dabei an die nächsten fünf bis zehn Jahre.

Tab. 2.2   Ausfüllhilfe langfristige Pläne

Spezifisch	Messbar	a/r	Terminiert
Ich möchte in den Sozialwissenschaften promovieren. Meine Promotion soll neben einer beruflichen Tätigkeit stattfinden	Aufnahme eines Promotionsstudiums Doktorvater gefunden Stelle, mit der man Promotion verbinden kann	☒	Beginn 2025, Ziel bis 2030

Tab. 2.3   Ihre langfristigen Pläne

Spezifisch	Messbar	a/r	Terminiert
		☐	
		☐	
		☐	
		☐	
		☐	

2.2   Next Months to Years: Mittelfristige Pläne

Benennen Sie hier Ihre mittelfristigen Ziele und denken Sie dabei an einen Zeitraum der nächsten Monate bis zu zwei Jahren.

Tab. 2.4   Ausfüllhilfe mittelfristige Pläne

Spezifisch	Messbar	a/r	Terminiert
Zwischen Bachelor und Master will ich mit Erasmus nach Schweden gehen und dort ein Auslandssemester sowie ein Auslandspraktikum absolvieren	6 Monate im Auslandssemester 6 Wochen im Praktikum	☒	Zwischen SoSe 22 und WiSe 22/23

Tab. 2.5   Ihre mittelfristigen Pläne

Spezifisch	Messbar	a/r	Terminiert
		☐	
		☐	
		☐	
		☐	
		☐	

2.3   Next Weeks to Months: Kurzfristige Pläne

Welche Maßnahmen helfen Ihnen in nächster Zeit, Ihren Karriereplänen näher zu kommen? Denken Sie dabei an einen Zeitraum von bis zu 12 Monaten.

Tab. 2.6   Ausfüllhilfe kurzfristige Pläne

Spezifisch	Messbar	a/r	Terminiert
Ich will meine Kenntnisse über Projektmanagement vertiefen und einen Kurs zum Thema besuchen	Kurs besucht	☒	2. Halbjahr im laufenden Jahr

Tab. 2.7 Ihre kurzfristigen Pläne

Spezifisch	Messbar	a/r	Terminiert
		☐	
		☐	
		☐	
		☐	
		☐	

Weiterführende Literatur

Allmendinger J (2005) Karriere ohne Vorlage: Junge Akademiker zwischen Arbeit und Beruf. Körber, Berlin

Allmendinger J (2019) Schnappen Sie nicht nach den Karotten, die man Ihnen vor die Nase hält. In: Manager Magazin online. https://www.manager-magazin.de/unternehmen/karriere/jutta-all-mendinger-ueber-frauenquote-maennerrollen-und-arbeitsmodelle-a-1257193.html. Zugegriffen: 25. Sept. 2019

Bürkle H (2013) Aktive Karrierestrategie. Erfolgsmanagement in eigener Sache. Springer, Berlin

El-Mafaalani A (2014) Vom Arbeiterkind zum Akademiker. Über die Mühen des Aufstiegs. Konrad-Adenauer-Stiftung, Sankt Augustin

Erpenbeck J, von Rosenstiel L (Hrsg) (2007) Handbuch Kompetenzmessung. Erkennen, verstehen und bewerten von Kompetenzen in der betrieblichen, pädagogischen und psychologischen Praxis. Schäffer-Poeschel, Stuttgart

Geisler K (2009) Karriere – ein Zusammenspiel aus Individualität und organisationaler Struktur. Eine Studie über die Beziehung zwischen Karriereorientierungen und organisationalen Sozialisationserfahrungen. Inaugural-Dissertation zur Erlangung des Doktorgrades der Philosophie an der Ludwig-Maximilians-Universität München. https://edoc.ub.uni-muenchen.de/13850/1/Geisler_Kerstin.pdf. Zugegriffen: 25. Sept. 2019

Kauffeld S, Spurk D (Hrsg) (2018) Handbuch Karriere und Laufbahnmanagement. Springer, Berlin

Mell H (2014) Erfolgreiche Karriereplanung. Praxistipps für Bewerbung, Beruf und Karriere vom erfahrenen Personalberater. Springer, Berlin

Pflaum S, Wüst L (2018) Der Mentoring Kompass für Unternehmen und Mentoren: Persönliche Erfahrungsberichte, Erfolgsprinzipien aus Forschung und Praxis. Springer, Berlin

Pflaum S (2016) Mentoring beim Übergang vom Studium in den Beruf: Eine empirische Studie zu Erfolgsfaktoren und wahrgenommenem Nutzen. Springer, Berlin

Reichhart T (2019) Das Prinzip Selbstfürsorge. Wie wir Verantwortung übernehmen und gelassen und frei leben. Kösel, München

Wehrle M (2011) Karriereberatung. Menschen wirksam im Beruf unterstützen. Beltz, Weinheim

Wie studiere ich karriereorientiert?

3

Inhaltsverzeichnis

© Springer Fachmedien Wiesbaden GmbH, ein Teil von Springer Nature 2020
S. Pflaum, *Der Karriere-Kompass für Studierende*,
https://doi.org/10.1007/978-3-658-28847-1_3

3.1   Über den (Un)Sinn des karriereorientierten Studiums

Studieren heißt immer auch entdecken und ausprobieren. Deshalb sollten Sie nicht schon aus der Wahl des Studienfaches eine Wissenschaft machen, sondern versuchen, die eigenen Talente und Fähigkeiten mit den wesentlichen Anforderungen eines Studiengangs abzugleichen. Dabei geht es niemals um den perfekten Match, um das Abwägen aller sachlichen Für und Wider, sondern es geht hier vor allem um Ehrlichkeit zu sich selbst und ganz viel Bauchgefühl.

Auch wenn es ein Teil der Überlegungen ist, sollten Sie Ihr Studienfach niemals allein nach den Kriterien vermeintlicher Einstiegs- und Jobchancen auswählen. Denken Sie stets daran, dass Sie sich bei einem Studium über Jahre intensiv mit einem bestimmten Themenkreis auseinandersetzen müssen. Und jedes Studienfach hat seine thematischen Höhe- und Tiefpunkte. Wie schlimm muss es dann sein, sich drei oder mehr Jahre mit den Tiefen eines Fachs auseinanderzusetzen, für das Sie in keiner Weise „brennen". Und selbst wenn Sie sich erfolgreich durch ein solches Studium quälen konnten, haben Sie sich damit zumindest für den Anfang auf ein Berufsfeld vorbereitet, das Ihnen ebenso wenig liegt.

Aber wenden wir uns hin zu positiven Dingen und versuchen anhand einiger einfacher positiver Kriterien die Suche nach einem passenden Studienfach einzugrenzen.

Die folgende Systematik ist ganz bewusst einfach gehalten. Es geht weniger darum, alle Wissenschaftsbereiche und Studienfächer in ihrer Tiefe zu erfassen, sondern es geht in erster Linie darum, sich einen Überblick zu verschaffen.

Tab. 3.1 Zwei Tipps für alle Studienrichtungen

1. In fast allen Berufen werden solide IT-Kenntnisse und der geübte Umgang mit Zahlen und Daten immer wichtiger. Um dieser Nachfrage auf dem Arbeitsmarkt gerecht zu werden, müssen Sie nicht unbedingt Informatik, Statistik, Data Science oder ähnliches studiert haben. Aber Sie können überlegen, eines dieser Fächer zu Ihrem Nebenfach zu machen oder neben Ihrem Studium Kurse in diesen Fächern (idealerweise mit Zertifikat) zu belegen. Eine der bekannten Programmiersprachen zu beherrschen, ist ein großer Vorteil in jedem CV

2. Verbringen Sie mindestens ein Semester und/oder ein mindestens sechswöchiges Praktikum im Ausland. Nichts schärft Ihre sozialen und personalen Kompetenzen so sehr, wie eine andere Sprache gut zu beherrschen und einmal längere Zeit in einem anderen kulturellen Umfeld verbracht zu haben. Für die Unternehmen sind diese Erfahrungen besonders interessant, weil es eigentlich kaum mehr Unternehmen gibt, die nicht auch international arbeiten. Weltoffene und-erfahrene Mitarbeiterinnen sind für Unternehmen ein wertvolles Gut

Anmerkung: Und selbst wenn Sie die falsche Entscheidung getroffen haben und das Studienfach wechseln, haben Sie keine Zeit verloren, sondern Sie haben Erfahrungen hinzugewonnen. Das beginnt bei der Persönlichkeitsentwicklung und endet beim Wissen, das Sie in vielen Fällen auch im neuen Studium anwenden können.

3.1.1 Der Klassiker – Wirtschaftswissenschaften

Für Wirtschaftswissenschaftlerinnen gibt es nach wie vor eine Vielzahl von Stellen und Jobmöglichkeiten in Wirtschaft und Verwaltung. Zudem kann man dieses Fach an fast jedem Ort an fast jeder Hochschule studieren.

Je nach im Studium oder bei Praktika gesetztem Schwerpunkt kann man mit diesem Abschluss in fast allen Unternehmensbereichen arbeiten, z. B.:

Tab. 3.2 Sind die Wirtschaftswissenschaften etwas für mich?

Kernkompetenzen	Selbsteinschätzung	Notizen
Wirtschaftliche Zusammenhänge in Unternehmen und Gesellschaft verstehen und analysieren	Kann ich… - ①②③④⑤ + Interessiert mich… - ①②③④⑤ +	
Mit mathematischen Formeln und Funktionen arbeiten	Kann ich… - ①②③④⑤ + Interessiert mich… - ①②③④⑤ +	
Statistik: Daten erheben, aufbereiten, analysieren, darstellen und interpretieren	Kann ich… - ①②③④⑤ + Interessiert mich… - ①②③④⑤ +	
Betriebliche Abläufe verstehen, analysieren und optimieren, von der Produktentwicklung bis zum Vertrieb	Kann ich… - ①②③④⑤ + Interessiert mich… - ①②③④⑤ +	
Sich mit Buchhaltung und Recht auseinandersetzen	Kann ich… - ①②③④⑤ + Interessiert mich… - ①②③④⑤ +	
Eigene Recherche:	Kann ich… - ①②③④⑤ + Interessiert mich… - ①②③④⑤ +	

(Fortsetzung)

Tab. 3.2 (Fortsetzung)

Kernkompetenzen	Selbsteinschätzung	Notizen
Eigene Recherche:	Kann ich… - ①②③④⑤+ Interessiert mich… - ①②③④⑤+	
Summe Punkte	Kann ich… _____ von 35 möglichen	
Summe Punkte	Interessiert mich… _____ von 35 möglichen	

- (Strategisches) Management
- Beratung
- Human Resources/Personalmanagement
- Marketing/Vertrieb
- Planung/Controlling
- Change und Organisationsmanagement
- …

3.1.2 Die Jobgarantie? – MINT-Fächer

Es ist kein Geheimnis, dass die Naturwissenschaften, insbesondere mit Bezug zur „Computer Science" derzeit im Trend liegen. Auch auf dem Arbeitsmarkt tun sich die meisten Naturwissenschaftlerinnen aktuell leicht, einen Job zu finden. Neben dem Studium eines der MINT-Fächer ist es mit Sicherheit sinnvoll, Kurse mit betriebswirtschaftlichen Inhalten zu besuchen. Dies stärkt Ihr Profil mit Blick auf eine spätere Beschäftigung in einem Unternehmen. Seit einigen Jahren gibt es den Trend, dass Naturwissenschaftlerinnen in der Consultingbranche arbeiten. Nicht nur mit Blick auf diese Jobs ist es empfehlenswert, an den eigenen sozialen Kompetenzen in entsprechenden Seminaren zu arbeiten.

Tab. 3.3 Sind die Naturwissenschaften etwas für mich?

Kernkompetenzen	Selbsteinschätzung	Notizen
Mit Mathematik arbeiten	Kann ich… - ①②③④⑤ + Interessiert mich… - ①②③④⑤ +	
Informatik: Programmiersprache lernen	Kann ich… - ①②③④⑤+ Interessiert mich… - ①②③④⑤+	
Komplexe technische Modelle verstehen und erarbeiten	Kann ich… - ①②③④⑤ + Interessiert mich… - ①②③④⑤ +	
Komplexe Daten analysieren	Kann ich… - ①②③④⑤+ Interessiert mich… - ①②③④⑤+	
Durchhaltevermögen und Frustrationstoleranz	Kann ich… - ①②③④⑤+ Interessiert mich… - ①②③④⑤+	
Eigener Input	Kann ich… - ①②③④⑤+ Interessiert mich… - ①②③④⑤+	

(Fortsetzung)

Tab. 3.3 (Fortsetzung)

Kernkompetenzen	Selbsteinschätzung	Notizen
Eigener Input	Kann ich… - ①②③④⑤+ Interessiert mich… - ①②③④⑤+	
Summe Punkte	Kann ich… _____ von 35 möglichen	
Summe Punkte	Interessiert mich… _____ von 35 möglichen	

3.1.3 Keine brotlose Kunst! – Geisteswissenschaften

Die Geisteswissenschaften sind die größte Ansammlung verschiedener Disziplinen. Je nach Definition zählen über 40 Fachbereiche zu ihnen.

Tab. 3.4 Überblick Bereiche der Geisteswissenschaften

Geschichte, Kunstgeschichte, Kunst, Musikwissenschaften, Literaturwissenschaften, Religionswissenschaften, Philosophie, Kulturwissenschaften, …

Auf dem Arbeitsmarkt kommen Absolventinnen mit geisteswissenschaftlichem Abschluss deutlich besser an, als es einen die Klischees glauben machen wollen. Die Suche nach dem passenden Job gestaltet sich ggf. etwas komplexer. Wer aber während des Studiums die Augen nach auch fachfremden Praktika oder nach an den eigenen Interessen orientierten Zusatzqualifikationen offenhält, kommt in der Regel schnell und auch gut unter.

Denn auch die Absolventinnen der sog. wirtschafts- oder techniknahen Fächer lernen Vieles, wenn nicht das meiste erst in der Praxis ihrer ersten Jobs. Als Geisteswissenschaftlerin bringen Sie wie Ihre Kommilitoninnen aus diesen Fächern für die meisten Jobs wesentliche Fähigkeiten aus Ihrem Studium mit:

Tab. 3.5 Beispiele für wesentliche Kompetenzen von Geisteswissenschaftlerinnen

Logisches Denken – Komplexe Sachverhalte erfassen – Schlussfolgerungen ziehen und Lösungsansätze entwickeln – Selbständig an einem Projekt arbeiten – mit anderen zusammenarbeiten – Interesse für neue Themen – Lernbereitschaft -…

In der folgenden Tabelle wurde versucht, wesentliche Gemeinsamkeiten zusammenzufassen, mit Blick auf die geforderten Kompetenzen und Interessen.

Tab. 3.6 Sind die Geisteswissenschaften etwas für mich?

Kernkompetenzen	Selbsteinschätzung	Notizen
Sehr viel mit komplexen Texten arbeiten	Kann ich… - ①②③④⑤ + Interessiert mich… - ①②③④⑤ +	
Interkulturelle Kompetenz	Kann ich… - ①②③④⑤ + Interessiert mich… - ①②③④⑤ +	
Eigene längere Texte verfassen	Kann ich… - ①②③④⑤ + Interessiert mich… - ①②③④⑤ +	
Logisches Denken	Kann ich… - ①②③④⑤ + Interessiert mich… - ①②③④⑤ +	
Sehr gute Kenntnisse in gesellschaftlichen und sozialen Trends	Kann ich… - ①②③④⑤ + Interessiert mich… - ①②③④⑤ +	
Eigener Input	Kann ich… - ①②③④⑤ + Interessiert mich… - ①②③④⑤ +	

(Fortsetzung)

Tab. 3.6 (Fortsetzung)

Kernkompetenzen	Selbsteinschätzung	Notizen
Eigener Input	Kann ich… - ①②③④⑤ + Interessiert mich… - ①②③④⑤ +	
Summe Punkte	Kann ich… _____ von 35 möglichen	
Summe Punkte	Interessiert mich… _____ von 35 möglichen	

3.1.4 Die Empiriker – Sozialwissenschaften

Soziologie, Politikwissenschaften sowie Pädagogik und Verwaltungswissenschaften sind vier prominente Beispiele für die Sozialwissenschaften. Anders als die klassischen Geisteswissenschaften zählen die Sozialwissenschaften zu den empirischen Wissenschaften, die ihre Erkenntnisse aus Erfahrung und Erleben beziehen. Neben Texten arbeiten Sozialwissenschaftlerinnen sehr viel mit Daten, die sie erheben, auswerten und interpretieren. In den meisten Disziplinen der Sozialwissenschaften ist Statistik daher ein zentrales Pflichtfach. Gerade der geübte Umgang mit Daten macht Sozialwissenschaftlerinnen mit Blick auf die gefragten Data Science Skills für den Arbeitsmarkt attraktiv.

Tab. 3.7 Sind die Sozialwissenschaften etwas für mich?

Kernkompetenzen	Selbsteinschätzung	Notizen
Statistik und Datenanalyse	Kann ich… - ①②③④⑤+ Interessiert mich… - ①②③④⑤+	
Lesen und verstehen komplexer Texte	Kann ich… - ①②③④⑤+ Interessiert mich… - ①②③④⑤+	
Interesse an gesellschaftlichen und politischen Zusammenhängen	Kann ich… - ①②③④⑤+ Interessiert mich… - ①②③④⑤+	
Texte schreiben	Kann ich… - ①②③④⑤+ Interessiert mich… - ①②③④⑤+	
Sehr gute Allgemeinbildung	Kann ich… - ①②③④⑤+ Interessiert mich… - ①②③④⑤+	
Eigener Input	Kann ich… - ①②③④⑤+ Interessiert mich… - ①②③④⑤+	

(Fortsetzung)

Tab. 3.7 (Fortsetzung)

Kernkompetenzen	Selbsteinschätzung	Notizen
Eigener Input	Kann ich… - ①②③④⑤+ Interessiert mich… - ①②③④⑤+	
Summe Punkte	Kann ich… ———— von 35 möglichen	
Summe Punkte	Interessiert mich… ———— von 35 möglichen	

3.1.5 Niemals Sprachlos – Sprachwissenschaften

In einer zunehmend digitalen und global vernetzten Welt sind Sprachen das A und O der internationalen Verständigung. Mit Blick auf den Arbeitsmarkt lässt sich wiederholen, was ich an anderer Stelle über die Geisteswissenschaften schreibe. Das Studium der Sprachen ist alles andere als eine brotlose Kunst.

Tab. 3.8 Sind die Sprachwissenschaften etwas für mich?

Kernkompetenzen	Selbsteinschätzung	Notizen
Offen für andere Kulturen und Werte	Kann ich… - ①②③④⑤+ Interessiert mich… - ①②③④⑤+	
Gut im Sprachen lernen	Kann ich… - ①②③④⑤+ Interessiert mich… - ①②③④⑤+	
Längere Zeit im Ausland studieren, leben und arbeiten	Kann ich… - ①②③④⑤+ Interessiert mich… - ①②③④⑤+	
Lesen und interpretieren von Texten	Kann ich… - ①②③④⑤+ Interessiert mich… - ①②③④⑤+	
Übersetzung von Texten	Kann ich… - ①②③④⑤+ Interessiert mich… - ①②③④⑤+	
Eigener Input	Kann ich… - ①②③④⑤+ Interessiert mich… - ①②③④⑤+	

(Fortsetzung)

Tab. 3.8 (Fortsetzung)

Kernkompetenzen	Selbsteinschätzung	Notizen
Eigener Input	**Kann ich…** - ①②③④⑤ + Interessiert mich… - ①②③④⑤ +	
Summe Punkte	Kann ich… ——————— von 35 möglichen	
Summe Punkte	Interessiert mich… ——————— von 35 möglichen	

3.1.6 Die Note und das Durchhaltevermögen zählen – das Jura-Studium

Für das Jura-Studium brauchen Sie einen langen Atem und ein gewisses Maß an Frustrationstoleranz für Noten jenseits von gut oder sehr gut. Es zählt zu den lern- und zeitintensivsten Studiengängen, wenn Sie beide Staatsexamina also die Ausbildung zum Volljuristen anstreben. Der Arbeitsmarkt für Juristinnen ist zweigeteilt. Absolventinnen mit guten Noten erhalten leicht eine Anstellung beim Staat oder bei den bekannten Großkanzleien. Mit ausreichenden Leistungen kann die Suche nach einem guten Job zuweilen etwas länger dauern.

Tab. 3.9 Ist das Jura-Studium etwas für mich?

Kernkompetenzen	Selbsteinschätzung	Notizen
Interpretation von zum Teil sehr komplexen Gesetzestexten	Kann ich… - ①②③④⑤+ Interessiert mich… - ①②③④⑤+	
Verfassen von eigenen Texten in juristischer Sprache	Kann ich… - ①②③④⑤+ Interessiert mich… - ①②③④⑤+	
Analytisches Denken	Kann ich… - ①②③④⑤+ Interessiert mich… - ①②③④⑤+	
Viel Zeit für und Freude am Lernen	Kann ich… - ①②③④⑤+ Interessiert mich… - ①②③④⑤+	
Besuch von weiterführenden, kostenpflichtigen Kursen über das Universitätsangebot hinaus	Kann ich… - ①②③④⑤+ Interessiert mich… - ①②③④⑤+	
Eigener Input	Kann ich… - ①②③④⑤+ Interessiert mich… - ①②③④⑤+	

(Fortsetzung)

Tab. 3.9 (Fortsetzung)

Kernkompetenzen	Selbsteinschätzung	Notizen
Eigener Input	Kann ich… - ①②③④⑤+ Interessiert mich… - ①②③④⑤+	
Summe Punkte	Kann ich… _____ von 35 möglichen	
Summe Punkte	Interessiert mich… _____ von 35 möglichen	

3.1.7   Medizin

Das Medizinstudium zählt zu den anspruchsvollsten Studiengängen. Zunächst gilt es, hohe Einstiegshürden wie den Notenschnitt und/oder den Medizinertest zu überwinden. Das Studium ist im gesamten Verlauf extrem zeit- und lernintensiv. Die Beschäftigungschancen sind nach dem Studium in der Regel sehr gut.

Tab. 3.10 Ist das Medizin-Studium etwas für mich?

Kernkompetenzen	Selbsteinschätzung	Notizen
Täglicher Umgang mit psychischen und physischen Krankheiten	Kann ich… - ①②③④⑤ + Interessiert mich… - ①②③④⑤ +	
Anderen helfen	Kann ich… - ①②③④⑤ + Interessiert mich… - ①②③④⑤ +	
Viel Freude am und Zeit zum (auch auswendig) Lernen	Kann ich… - ①②③④⑤ + Interessiert mich… - ①②③④⑤ +	
Großes Verständnis für naturwissenschaftliche Fächer wie Biologie, Chemie und Physik	Kann ich… - ①②③④⑤ + Interessiert mich… - ①②③④⑤ +	
Abstraktes, analytisches Denkvermögen	Kann ich… - ①②③④⑤ + Interessiert mich… - ①②③④⑤ +	
Eigener Input	Kann ich… - ①②③④⑤ + Interessiert mich… - ①②③④⑤ +	

(Fortsetzung)

Tab. 3.10 (Fortsetzung)

Kernkompetenzen	Selbsteinschätzung	Notizen
Eigener Input	Kann ich... - ①②③④⑤ + Interessiert mich... - ①②③④⑤ +	
Summe Punkte	Kann ich... ⎯⎯⎯⎯⎯ von 35 möglichen	
Summe Punkte	Interessiert mich... ⎯⎯⎯⎯⎯ von 35 möglichen	

3.1.8 Irgendwas mit Menschen – Soziale Arbeit, Pädagogik oder Psychologie

Neben den MINT-Berufen erleben mit Sicherheit auch die Berufe aus den Bereichen der sozialen Arbeit, Pädagogik und Psychologie gegenwärtig und künftig eine Aufwertung. Auch wenn die Bezahlung oft niedriger ausfällt als in den meisten MINT-Berufen gibt es hier eine Vielzahl spannender Tätigkeitsfelder. Das Wichtigste an diesen Fächern ist die Fähigkeit zur Selbstreflexion sowie eine hohe Motivation, sich mit sozialen und individuellen Problemen wissenschaftlich und in der praktischen Arbeit auseinanderzusetzen.

Tab. 3.11 Sind soziale Studiengänge etwas für mich?

Kernkompetenzen	Selbsteinschätzung	Notizen
Intensiv mit Menschen arbeiten, auch in problematischen Situationen	Kann ich… - ①②③④⑤ + Interessiert mich… - ①②③④⑤ +	
Interesse an gesellschaftlichen Zusammenhängen	Kann ich… - ①②③④⑤ + Interessiert mich… - ①②③④⑤ +	
Medizinische und psychologische Kenntnisse	Kann ich… - ①②③④⑤ + Interessiert mich… - ①②③④⑤ +	
Statistik und Datenanalyse	Kann ich… - ①②③④⑤ + Interessiert mich… - ①②③④⑤ +	
Analytische Fähigkeiten	Kann ich… - ①②③④⑤ + Interessiert mich… - ①②③④⑤ +	
Eigener Input	Kann ich… - ①②③④⑤ + Interessiert mich… - ①②③④⑤ +	

(Fortsetzung)

Tab. 3.11 (Fortsetzung)

Kernkompetenzen	Selbsteinschätzung	Notizen
Eigener Input	**Kann ich…** - ①②③④⑤ + **Interessiert mich…** - ①②③④⑤ +	
Summe Punkte	**Kann ich…** ―――――― von 35 möglichen	
Summe Punkte	**Interessiert mich…** ―――――― von 35 möglichen	

3.1.9 Ihr „eigenes" Profil

Hier haben Sie die Möglichkeit ggf. ein eigenes Profil zu erstellen für ein konkretes Studienfach oder einen Fachbereich, den ich übersehen habe. Eine gute Übersicht über die Inhalte und die Voraussetzungen aller Studiengänge finden Sie hier: www.berufenet. arbeitsagentur.de.

Tab. 3.12 Freie Checkliste Studiengang

Kernkompetenzen	Selbsteinschätzung	Notizen
	Kann ich… - ①②③④⑤+ Interessiert mich… - ①②③④⑤+	
	Kann ich… - ①②③④⑤+ Interessiert mich… - ①②③④⑤+	
	Kann ich… - ①②③④⑤+ Interessiert mich… - ①②③④⑤+	
	Kann ich… - ①②③④⑤+ Interessiert mich… - ①②③④⑤+	
	Kann ich… - ①②③④⑤+ Interessiert mich… - ①②③④⑤+	
	Kann ich… - ①②③④⑤+ Interessiert mich… - ①②③④⑤+	

(Fortsetzung)

Tab. 3.12   (Fortsetzung)

Kernkompetenzen	Selbsteinschätzung	Notizen
	Kann ich… - ①②③④⑤ + Interessiert mich… - ①②③④⑤ +	
Summe Punkte	Kann ich… —————— von 35 möglichen	
Summe Punkte	Interessiert mich… —————— von 35 möglichen	

3.1.10   Das Nebenfach: keine Nebensache!

In vielen Studiengängen ist ein Nebenfach auszuwählen. Hier sollten Sie gründlich überlegen, in welche Richtung Sie Ihr Profil erweitern oder schärfen wollen. Wenn Sie ein Geistes- oder sozialwissenschaftliches Fach studieren, kann es sinnvoll sein, ein wirtschafts- oder MINT-nahes Nebenfach zu wählen.

Gleiches gilt umgekehrt. Auch als Studentin eines sog. wirtschafts- oder IT-nahen Faches kann es sich lohnen, in andere Fachbereiche hineinzuschnuppern.

Zudem gibt es immer mehr Bindestrich-Studiengänge wie z. B. Wirtschaftsinformatik, Wirtschaftspsychologie oder Sozioökonomie, die zwei Fachbereiche sinnvoll miteinander verbinden.

3.2   Wahl des Studienortes

Bei der Wahl des Studienortes gilt es mehrere Faktoren zu berücksichtigen. Dieses Kapitel hilft Ihnen dabei, einige wesentliche Faktoren abzuwägen.

3.2.1   Angebot an Studienfächern

Vor der Wahl des Ortes steht natürlich die Frage nach dem Fach, das Sie studieren wollen. Damit treffen Sie die erste Eingrenzung, denn nicht alle Studiengänge, ggf. mit bestimmten Schwerpunkten werden an allen Hochschulen angeboten.

3.2.2   Universität oder Hochschule für angewandte Wissenschaften

Einige Studiengänge werden an Hochschulen für angewandte Wissenschaften (ehemals Fachhochschulen) und/oder an Volluniversitäten angeboten. Den Bachelor und Master können Sie an beiden Hochschulformen absolvieren. Auch das Niveau der Ausbildungen ist vergleichbar. Das Studium an einer Hochschule für angewandte Wissenschaften ist u. a. durch ein festes Praxissemester meist anwendungsorientierter ausgerichtet. Wollen Sie nach dem Master promovieren, sollten Sie beachten, dass derzeit das Promotionsrecht den Volluniversitäten vorbehalten ist. Immer mehr Hochschulen für angewandte Wissenschaften kooperieren jedoch mit Universitäten und ermöglichen über diesen Weg die Promotion. Bachelor und Master beider Hochschulformen sind in der Wirtschaft gleichermaßen gut anerkannt.

Es gibt einige Hochschulen, die Ihnen den Wechsel zwischen den beiden Hochschularten erschweren, z. B. wenn Sie mit einem Hochschul-Bachelor für den Master an eine Universität wechseln wollen und umgekehrt.

3.2.3   Ruf und Ranking der Hochschule

In den letzten Jahren spielt das sog. Hochschulranking eine zunehmende Rolle. Tatsächlich schauen einige Arbeitgeber darauf, an welcher Hochschule Sie Ihren Abschluss gemacht haben oder sie haben bestimmte Zieluniversitäten. Dennoch können Sie davon ausgehen, dass die gesamte deutsche Hochschullandschaft weitestgehend von hoher Qualität geprägt ist. Beispielhaft seien hier zwei anerkannte Rankings erwähnt:

- CHE Ranking auf den Seiten der Zeit: https://ranking.zeit.de/che/de/
- THE Ranking der Times: https://www.timeshighereducation.com/world-university-rankings

Viel wichtiger aber als diese Rankings ist es, sich ein Bild vor Ort zu machen. Fahren Sie in Ihre favorisierten Hochschulstädte und sehen sich deren Hochschulen an. Sprechen Sie mit Studierenden vor Ort und/oder informieren Sie sich an von vielen Institutionen angebotenen Informationstagen.

Beachten Sie bei Ihrer Wahl auch, dass an den Hochschulen nicht alle dort angebotenen Studiengänge gleichermaßen gut ausgebaut sind. Informieren Sie sich studiengangsbezogen nach den Möglichkeiten an einem der infrage kommenden Hochschulstandorte.

3.2.4 Öffentliche oder private Hochschule

Die meisten Studierenden sind an öffentlichen Hochschulen eingeschrieben. Aber auch die privaten Hochschulen sind auf Wachstumskurs. Während sich an öffentlichen Einrichtungen die Kosten auf einen überschaubaren Semesterbeitrag beschränken, können die monatlichen Gebühren für eine private Hochschule hoch bis sehr hoch sein. Einige Arbeitgeberinnen unterstützen ihre Angestellten bei einem solchen Studium oder übernehmen die Gebühren gesamt.

Beim Betreuungsschlüssel haben die privaten Hochschulen meist einen Vorteil und versuchen, mit individueller Beratung und kleinen Gruppen zu punkten. Während private Hochschulen meist auf einige wenige Studienfächer spezialisiert sind, bieten Ihnen die öffentlichen Hochschulen meist einen breiten Kanon an Fächern. Und auch wenn Sie mit mehr Kommilitoninnen im Hörsaal sitzen, muss das keinen Qualitätsverlust im Lehr- und Forschungsangebot bedeuten. Ganz im Gegenteil ist das Netzwerk der öffentlichen Institutionen in Deutschland besser ausgebaut und Sie können vor Ort, angefangen bei den Bibliotheken bis hin zu den angegliederten Forschungsinstituten auf größere Ressourcen zurückgreifen.

3.2.5 Duales Teilzeit- oder Vollzeitstudium

Das führt auch zur Frage, ob Sie dual studieren oder sich ganz auf ein Vollzeitstudium konzentrieren wollen. Ein duales Studium hat den Vorteil, dass Sie parallel zum Studium praktische Erfahrungen sammeln, ein Gehalt beziehen und einen meist nahtlosen Übergang vom Studium in den Beruf haben. Oft machen Sie parallel zum Studienabschluss einen vollwertigen Berufsabschluss, sodass Sie am Ende zwei Abschlüsse haben. Bedenken Sie dabei allerdings den erhöhten Zeitaufwand für eine solche Doppelbelastung. Eine Alternative ist es, an einen Vollzeit-Bachelor einen dualen Master zu hängen, wenn Sie mit dem Berufseinstieg nicht allzu lange warten wollen.

3.2.6 Große oder kleine Stadt?

Es ist nicht nur Geschmackssache, ob Sie an einem kleineren oder größeren Standort studieren wollen. Denken Sie daran, dass Sie die kommenden Jahre an diesem Ort verbringen werden und er nicht nur Ihr Studium, sondern auch Ihre Freizeit und Ihre ersten Karriereschritte prägen wird. Folgende Punkte sollen Ihnen dabei helfen, eine Entscheidung zu treffen.

Tab. 3.13 Übersicht der Vor- und Nachteile eines größeren oder kleineren Hochschulstandorts

	Größere Stadt	Kleinere Stadt
Vorteile	Besseres (Neben)Jobangebot	Meist besserer Betreuungsschlüssel
	Zahlreiche Möglichkeiten für Praktika oder Werkstudentinnenstellen	Günstigere Mieten, größeres Angebot
	Breites Angebot an Studienfächern und -kombinationen	Geringere Lebenshaltungskosten
	Größere Bibliotheken und mehr Ressourcen	Häufig: Spezialisierung auf bestimmte Fachbereiche
	Viele Möglichkeiten, ein breites Netzwerk zu Unternehmen und Organisationen zu knüpfen	Familiäre Atmosphäre
	Mehr renommierte Forscherpersönlichkeiten vor Ort	Bessere Konzentration auf das Studium durch schnelleres Zurechtfinden und weniger Ablenkung
	Mehrere Hochschulen an einem Standort	
	Großes Freizeit- und Kulturangebot	
Nachteile	Anonyme Atmosphäre	Weniger (Neben)Jobangebote
	Größerer Betreuungsschlüssel	Weniger Angebote an Studienangeboten und Kombinationsmöglichkeiten
	Teure Mieten, knappes Angebot	Weniger Freizeit- und Kulturangebote
	Höhere Lebenshaltungskosten	Für Praktika oder Werkstudentinnenstellen ggf. in eine andere Stadt wechseln.
	Gefahr, im Großstadtdschungel verloren zu gehen	

Tab. 3.14 Ihre eigenen Überlegungen zur Größe des Hochschulstandortes

	Größere Stadt	Kleinere Stadt
Vorteile		
Nachteile		

3.2.7   Budget

Ein wichtiger Faktor zur Wahl des Hochschulstandortes ist auch das eigene Budget. Diese Übersicht hilft Ihnen dabei, eine vernünftige Einschätzung vorzunehmen.

Tab. 3.15 Budgetaufstellung

Monatliche Einnahmen (netto)	
Unterstützung durch Eltern	
BAFÖG	
Stipendien	
Nebenjob	
Sonstige Einnahmen:	
Sonstige Einnahmen:	
Sonstige Einnahmen:	
SUMME Einnahmen:	
Monatliche Ausgaben	
Miete	
Heizung	
Strom	
Wasser	
Telefon und Internet	
Krankenkasse	
Studienbeiträge und -gebühren	
Schreibwaren	
Literatur	
Weitere Lernmittel	
Lebensmittel	
Ausgehen / Freizeit	
Urlaub	
Sonstige Ausgaben:	
Sonstige Ausgaben:	
Sonstige Ausgaben:	
SUMME Ausgaben:	
Einnahmen – Ausgaben:	

3.3   Ressourcen rund ums Studium richtig nutzen

Rund um Ihre Hochschule und Ihr Studium stehen Ihnen eine ganze Reihe von Unter-stützungsangeboten zur Verfügung. Diese in voller Breite und Tiefe abzuhandeln, würde den Rahmen dieses Buches bei weitem sprengen. Dieses Kapitel wird Ihnen aber dabei helfen, nach den richtigen Stichworten zu suchen und nach den passenden Institutionen Ausschau zu halten.   ,

3.3.1   BAFÖG

Unter www.bafög.de finden Sie alle Informationen und Antragsformulare rund um diese Form der Unterstützung. Sie sollten in jedem Fall prüfen, ob Sie BAFÖG-Anspruch haben oder nicht. Denn viele Studentinnen wissen nicht, dass sie eigentlich Anspruch auf diese Leistungen hätten. Im Netz gibt es einige BAFÖG Rechner, die schnell weiter-helfen.

3.3.2   Stipendien

Wer einen Überblick über Stipendien sucht, wird hier fündig: www.stipendienlotse.de. Zudem bieten die meisten Hochschulen eine persönliche Beratung zu diesem Thema an und helfen beim Antrag. Wichtig ist, dass Stipendien eben nicht nur für Studentinnen mit besten Noten und Elite-Ambitionen angeboten werden. Es gibt eine Vielzahl von Programmen, die einer breiten Schicht von Studentinnen offenstehen.

3.3.3   Career Service

Fast alle Hochschulen haben einen zentralen Career Service. Informieren Sie sich zeitnah über dessen Angebote. Zu diesen zählen:

- Jobbörsen mit Anzeigen von Unternehmen und Organisationen, die explizit Interesse an Absolventinnen Ihrer Hochschule haben.
- Persönliche Kontakte zu vielen Unternehmen, die mit Ihrer Hochschule kooperieren.
- CV-Checks und Beratung bei der Suche nach geeigneten Praktika und Jobs
- Fachliche Kurse und Trainings, die inhaltlich über Ihr Studienfach hinausgehen (z. B. BWL für Nicht-Wirtschaftswissenschaftlerinnen)
- Trainings rund um soziale und personale Kompetenzen
- Mentoringprogramme
- Career Events mit zu Ihrem Studium passenden Unternehmen
- …

3.3.4   Career Events/Messen

Halten Sie von Beginn Ihres Studiums an die Augen nach Karriereveranstaltungen Ihrer Hochschule offen. Ein Besuch kann schon ab dem ersten Semester lohnen. Denn es gibt nichts besseres, als sich bei einer Bewerbung auf ein Praktikum oder einen Job auf einen namentlichen persönlichen Kontakt zu beziehen, den Sie auf einem Career Event gewonnen haben.

Tab. 3.16   Vorteile der Teilnahme an einem Career Event auf einen Blick

• Sie stellen einen ersten persönlichen Kontakt zu Unternehmen her
• Sie lernen mögliche und neue Karrierepfade kennen,…
• … auch bei Unternehmen, die Sie bisher nicht kannten
• Möglicherweise finden Sie direkt eine Stelle, ein Praktikum oder eine Werkstudentinnenstelle
• Sie können Unternehmensvertreterinnen ganz zwanglos fragen, was in einem Bewerbungsgespräch nicht immer möglich ist
• Sie finden heraus, worauf die Unternehmen bei einer Bewerbung besonderen Wert legen
• Sie lernen von den Referentinnen aus der Unternehmenspraxis
• Sie können sich bei Ihrer nächsten Bewerbung auf das Event und die Personen, die Sie dort kennengelernt haben, beziehen

Die Veranstaltungen an Ihrer Hochschule selbst sind den großen Big Events vorzuziehen. Zum einen können Sie davon ausgehen, dass die teilnehmenden Unternehmen ein besonderes Interesse an Studentinnen und Absolventinnen Ihrer Hochschule haben. Weiter sind die Teilnehmerinnenzahlen deutlich niedriger und Sie haben deutlich bessere Chancen, mit einem oder mehreren Unternehmensvertreterinnen in Kontakt zu kommen.

Veranstalter dieser Events ist in der Regel der Career Service Ihrer Hochschule.

Tab. 3.17 Checkliste Vorbereitung auf ein Career Event

Vorbereitung:

• Informieren Sie sich vorab über die für Sie interessanten Unternehmen und Branchen. Das ist die Basis für einen guten Small Talk und einen positiven Eindruck bei Ihrer Gesprächspartnerin
• Halten Sie sich an den Dresscode, idealerweise smart casual (z. B. Hemd, Bluse, Stoffhose, elegante Jeans, Lederschuhe, klassische Farben, ...)
• Bringen Sie Fragen mit, z. B.:
    - Wie sieht ein typischer Arbeitstag/-woche aus?
    - Welchen Anteil nehmen Dienstreisen ein?
    - Wie viele Stellen schreiben Sie aus und wie viele Bewerbungen erwarten Sie darauf?
    - Welche Karrierepfade bieten Sie Berufseinsteigerinnen?
    - Welche internen/externen Weiterbildungsmöglichkeiten hätte ich?
    - Wie empfinden Sie persönlich die Work-Life-Balance?
    - Wie haben Sie Ihre Karriere begonnen?
    - Wie bereite ich mich am besten auf eine Bewerbung bei Ihnen vor?
    - Eigene Frage:
 	
    - Eigene Frage:
 	
    - Eigene Frage:

Während des Events:
• Haben Sie keine Hemmungen auf Unternehmensvertreterinnen zuzugehen. Diese sind nur wegen Ihnen gekommen! • Sprechen Sie mit so vielen Personen wie möglich, natürlich auch mit Ihren Kommilitoninnen • Stellen Sie offene Fragen und hören Sie aktiv zu (z. B. durch Nachfragen) • Fragen Sie nach Kontaktdetails (z. B. Visitenkarten), um sich ggf. bei einer späteren Bewerbung auf den Kontakt zu beziehen
Nach dem Event:
• Beziehen Sie sich bei der nächsten Bewerbung auf das Event • Fügen Sie die Personen, mit denen Sie gesprochen haben z. B. auf LinkedIn und XING zu Ihren Kontakten hinzu

Hinweis in eigener Sache: Ich selbst veranstalte ca. 30 solche Career Events im Jahr. Wenn Sie sich für ein solches Event anmelden, gehört es zum guten Ton, sich ggf. rechtzeitig und schriftlich abzumelden, wenn Sie am Tag des Events verhindert oder krank sind. Denken Sie daran, dass für eine bestimmte Personenzahl Essen und Getränke bestellt sind, die bei kurzfristigen Absagen im Müll landen. Zudem sind Sie namentlich bei den entsprechenden Unternehmen angemeldet und ein unentschuldigtes Fernbleiben machen einen sehr schlechten Eindruck.

3.3.5 Career Mentoring

Ist mein Traumjob wirklich ein Traumjob? Wie schaffe ich den Übergang vom Studium zum Beruf? Wie punkte ich bei der Bewerbung? Welche Schlüsselqualifikationen sollte ich mir zusätzlich aneignen?

Was gibt es Besseres, als ganz offen eine vertraute Person zu fragen, die seit Jahren da arbeitet, wo man später selbst hin will? Genau diese Möglichkeit bieten Mentoringprogramme, die es an immer mehr Hochschulen gibt. Zum Teil treffen Sie dort auf Alumni Ihrer Hochschule, die sich ihrer Alma Mater verpflichtet fühlen und sich daher sehr gerne für den akademischen Nachwuchs engagieren.

Mentees und Mentorinnen berichten gleichermaßen, dass ihnen das Mentoring Spaß macht und sie beruflich und persönlich weiterbringt. Dass sich viele ehemalige Mentees einige Jahre später selbst als Mentorin engagieren, spricht dabei für sich. Die Mentoringbeziehung ist eine der besten Gelegenheiten, die eigenen beruflichen und persönlichen Pläne mit einer erfahrenen Person zu reflektieren. Oft ist die Mentorin auch die direkte Lotsin zum ersten Job.

Tab. 3.18 Vorteile von Mentoring auf einen Blick

Teilnehmerinnen von Mentoringprogrammen berichten i. d. R über folgenden Nutzen vom Mentoring:
• Weiterentwicklung der eigenen Persönlichkeit • Hilfreiches Feedback zu Stärken und Schwächen • Mehr Selbstbewusstsein • Besseres Selbstmanagement, z. B. im Studium • Bestärkung in den eigenen Plänen • Neue Karriereperspektiven • Hilfe beim Berufseinstieg • Check und Optimierung der Bewerbungsunterlagen • Vermittlung von Praktika / Jobs

Der Aufbau einer erfolgreichen Mentoringbeziehung ist nicht schwer:

Tab. 3.19   Drei Regeln für erfolgreiches Mentoring

1.   Gehen Sie aktiv und regelmäßig auf Ihre Mentorin zu. Zwei Treffen pro Semester sind empfehlenswert. In der Zwischenzeit halten Sie per Email oder Telefon Kontakt
2.   Bereiten Sie sich auf Ihre Treffen mit der Mentorin vor. Reflektieren Sie das letzte Treffen und überlegen Sie sich Themen und Fragen für das anstehende Treffen. Machen Sie sich Notizen zum Mentoring
3.   Die meisten Mentoringbeziehungen dauern 12 bis 18 Monate und gehen danach in eine gute Bekanntschaft oder Freundschaft über. Viele Mentees halten ein Leben lang Kontakt mit ihrer Mentorin

3.3.6   Peer to Peer Mentoring

Für Studienanfängerinnen bieten einige Hochschulen auch Peer to Peer Mentoring an. Das bedeutet, dass sich eine Studentin im höheren Semester um die Erst- und Zweitsemester als Mentorin kümmert. Sie kommen so schneller und besser in der Hochschulumgebung zurecht, finden die richtigen Vorlesungen und Räume und erhalten mit Sicherheit den einen oder anderen wertvollen Insider-Tipp.

Auch lohnt es sich für Sie selbst später einmal die Rolle eines Peer-Mentorin zu übernehmen. Dieses Ehrenamt macht sich gut in Ihrem CV und Sie sammeln als Mentorin erste Beratungs- und Führungserfahrung.

3.3.7   Persönliche Beratungsangebote

Darüber hinaus finden Sie an fast allen Hochschulen weitere persönliche Beratungsangebote. Zögern Sie nicht, diese Unterstützungsangebote in Anspruch zu nehmen. Niemand erwartet von Ihnen, dass Sie als Einzelkämpferin durch das Studium kommen. Sie finden wertvolle Beratungsangebote von Stipendien über fachliche Beratung bis hin zur psychosozialen Unterstützung bei persönlichen Krisen oder Ängsten, z. B. bei Prüfungen.

Tab. 3.20   Übersicht über Beratungsangebote an Hochschulen

Allgemeine Studienberatung	<ul><li>Allgemeine Fragen zu Studiengängen</li><li>Erforderliche Fremdsprachenkenntnisse</li><li>Fächerangebote und Fächerkombinationen</li><li>Hilfe bei der Auswahl des Studiengangs</li><li>Hinweise zu weiteren Hochschulzugangsberechtigungen</li><li>Organisation des Studiums</li><li>Organisationsfragen</li><li>Prüfungsangelegenheiten</li><li>Studienabbruch</li><li>Studiengangwechsel</li><li>Unterbrechung des Studiums</li><li>Zulassungsvoraussetzungen</li></ul>
Fachbezogene Studienberatung	<ul><li>Fragen rund um ein bestimmtes Studienfach</li><li>Meist an den Fakultäten angesiedelt</li></ul>
Prüfungsamt	<ul><li>Fragen rund um die Zulassung, Durchführung und Ergebnisse von Zwischen- und Abschlussprüfungen</li></ul>
Interkulturelle Beratung und Diversity	<ul><li>Angebote für internationale Studierende</li><li>Umgang mit deutschen Behörden,</li><li>mit anderen Studierenden,</li><li>mit Dozentinnen</li><li>Unterstützung bei Seminararbeiten oder bei der Prüfungsvorbereitung</li></ul><ul><li>Angebote gegen und Hilfe bei Diskriminierung jeglicher Art</li></ul>
Beratung Auslandsstudium / -praktika	<ul><li>Beratung rund um das Auslandssemester</li><li>und/oder ein Auslandspraktikum</li><li>Fördermöglichkeiten und</li><li>Jobangebote im Ausland</li></ul>
Beratung für Stipendien	<ul><li>Unterstützung mit Blick auf das Finden und Beantragen von passenden Stipendien</li></ul>
Studieren mit Kind	<ul><li>Beratung für studierende Eltern</li><li>Konkrete Angebote wie z.B. Kindergarten oder andere Betreuungseinrichtungen</li></ul>

(Fortsetzung)

Tab. 3.20   (Fortsetzung)

Psychosoziale Beratung	• Beratung in Krisenfällen • bei Suchtproblemen • oder bei anderen persönlichen Problemen
Studieren mit Behinderung	• Allgemeine Information über das Studieren mit Behinderung • und Beratung für konkrete Hilfsangebote
Beratung für angehende Studierende/ Schülerinnen	• zentrale Infoveranstaltungen für Schülerinnen und andere Studieninteressierte • entsprechende Veranstaltungen an den einzelnen Fakultäten

3.4   Arbeiten neben dem Studium

In diesem Kapitel finden Sie einige Rahmeninformationen rund um das Thema Arbeiten neben dem Studium. Die Darstellung hat keinen Anspruch auf Vollständigkeit, sondern ist lediglich ein Einstieg ins Thema, ob und welche Form des studentischen Arbeitens für Sie Sinn machen kann.

3.4.1   Praktika

Bei den Praktika lassen sich die Pflichtpraktika von den freiwilligen Praktika unterscheiden. Ein oder mehrere Pflichtpraktika sind obligatorischer Bestandteil Ihres Studiums und müssen absolviert werden. Die meisten Studiengänge an den Hochschulen für angewandte Wissenschaften sehen bis zu einem Semester als Praxissemester verpflichtend vor. Aber auch an den Universitäten spielen Pflichtpraktika, z. B. in den pädagogischen, juristischen, medizinischen oder psychologischen Studiengängen eine Rolle.

Ein Praktikum soll Ihnen den Einblick in eines oder mehrere mögliches spätere Berufsfelder bieten. Idealerweise können Sie einen Teil Ihrer an der Hochschule erworbenen Kenntnisse in die Praxis umsetzen. Zudem hilft Ihnen ein Praktikum auch zu erkennen, ob ein bestimmter Beruf zu Ihnen passt oder nicht.

Auch im CV spielen Praktika eine wichtige Rolle. Personalerinnen schauen sehr genau darauf, welche praktischen Erfahrungen Sie während Ihres Studiums oder zwischen dem Bachelor und Master gesammelt haben. Zwar können Sie auch nach dem Master noch Praktika absolvieren. Meine Empfehlung allerdings ist, dass Sie bereits frühzeitig, etwa ab dem vierten Semester im Bachelor nach Praktika Ausschau halten.

Praktika dauern meist zwischen zwei und sechs Monaten. Sie können Praktika in den Semesterferien, in Teilzeit neben dem Studium oder während einer Unterbrechung Ihres Studiums absolvieren. Während des Semesters darf Ihr Praktikum durchschnittlich nicht mehr als 20 h pro Woche umfassen. Andernfalls steht das Studium nicht mehr im Mittelpunkt und Ihnen droht die Aberkennung des Studentinnenstatus. In den Semesterferien können Sie mehr als 20 h arbeiten.

Auch mit Blick auf Praktika, insbesondere, wenn diese länger als drei Monate dauern, gelten die gesetzlichen Bestimmungen zum Mindestlohn. Siehe auch: https://www.arbeitsagentur.de/bildung/zwischenzeit/praktikum-machen.

Zu beachten sind auch die Bestimmungen zur Sozialversicherung. Pflichtpraktika sind als Teil des Studiums von der Sozialversicherung befreit. Ist Ihr Praktikum vergütet, nehmen Sie unbedingt Kontakt mit Ihrer Krankenkasse auf, ob und wie sich das Praktikum auf Ihren Versicherungsstatus (familien-/oder selbst versichert) auswirkt.

Die Vergütung freiwilliger Praktika ist einkommensteuer- und sozialversicherungspflichtig. Informieren Sie sich auch hier bei Ihrer Krankenkasse, insbesondere wenn die Vergütung die Grenzen einer geringfügigen Beschäftigung übersteigt.

Zudem wird eine Vergütung aus Praktika auf Ihre BAföG-Zahlungen angerechnet.

Tab. 3.21 Checkliste für Rückfragen bei der Kranken-/Sozialversicherung

☐	Ist es ein Pflichtpraktikum oder ein freiwilliges Praktikum?
☐	Wie lange dauert das Praktikum?
☐	Durchschnittliche Wochenarbeitszeit während des Semesters
☐	Durchschnittliche Wochenarbeitszeit in den Semesterferien
☐	Ist die Vergütung innerhalb der Grenzen kurzfristiger / geringfügiger Beschäftigung?
☐	Sind Sie familien- oder einzelversichert?
☐	Beziehen Sie neben dem Praktikum andere Sozialleistungen wie BAföG oder Wohngeld?

Oft fragen mich Studierende, wie viele Praktika man für einen guten Lebenslauf absolvieren muss. Auf diese Frage gibt es keine exakte Antwort. Viel wichtiger als die Anzahl ist die Frage, welche Praktika und warum Sie diese gemacht haben. Hier fragen Personalerinnen gerne nach und Ihre Antwort sollte stimmig sein.

Eine von vielen schönen Kombinationsmöglichkeiten ist es, von drei Praktika eines im Ausland und eines in einem Ihrem Studium nicht ganz so nahen Bereich gemacht zu haben. Letzten Endes aber sollte die Wahl Ihrer Praktika zu Ihren persönlichen Plänen passen.

Tab. 3.22 Notizen zu Ihren Praktikumsplänen

	Praktikum	Grober Zeitplan:
☐	Fachnah:	
☐	Fachfremd:	
☐	Auslandspraktikum:	

Tab. 3.23 Checkliste Vorbereitung eines Praktikums

☐	Bewerbungsunterlagen aktuell
☐	ggf. Urlaubssemester beantragen
☐	Klärung offener Fragen mit der Krankenkasse
☐	Klärung offener Fragen mit anderen Behörden

3.4.2   Auslandspraktikum

Ein Auslandspraktikum ist eine mehr als sinnvolle Ergänzung Ihres Studiums. Ist in Ihrem Studiengang ein Pflichtpraktikum vorgesehen, so können Sie sich bei Ihrer Fachstudienberatung erkundigen, ob Sie dieses ggf. im Ausland absolvieren können. So haben Sie zwei Fliegen mit einer Klappe geschlagen.

Viele Studierende machen ihr Auslandspraktikum im Sommersemester. Damit dieses z. B. von Erasmus gefördert werden kann, muss es mindestens sechs Wochen dauern. Überschneidet sich das mit dem Semesterbeginn, so können Sie versuchen, in Abstimmung mit Ihren Dozentinnen, ein bis zwei Wochen später ins Semester einzusteigen.

Je nachdem, ob Sie der spontane oder durchgeplante Personentyp sind, können Sie ein Auslandspraktikum relativ spontan planen und angehen. Ich kenne Studentinnen, die die Vorbereitung in wenigen Wochen geschafft haben. Auf der sicheren Seite sind Sie, wenn Sie ca. ein halbes Jahr vorher beginnen zu planen.

Auf der Suche nach einem geeigneten Arbeitsplatz empfehle ich Ihnen, keine Zeit und kein Geld mit Vermittlungsagenturen zu verschwenden. Machen Sie sich selbst auf die Suche.

Tab. 3.24 Suche nach einem Auslandspraktikum

☐	Welches Land reizt Sie besonders?
☐	In welcher Branche bzw. in welchem Berufsfeld möchten Sie ein Praktikum machen?
☐	Welche Unternehmen im Ausland interessieren Sie?

Am besten recherchieren Sie hier selbst. Viele Unternehmen haben Stellen für ausländische Studierende ausgeschrieben. Und auch eine Initiativbewerbung bei Ihrem Wunschunternehmen lohnt sich auf jeden Fall. Denn in der Regel rennen Sie hier offene Türen ein und Unternehmen freuen sich auf solche Bewerbungen aus dem Ausland.

Die folgende Checkliste hilft Ihnen bei der weiteren Vorbereitung:

Tab. 3.25 Checkliste Auslandspraktikum

☐	Praktikum im Wunschland suchen (6-8 Monate vor Praktikumsbeginn)
☐	Bewerbung
☐	Zusage
☐	Praktikumsvertrag (wichtig!)
☐	Visum/Arbeitserlaubnis
☐	Bei Interesse: Bewerbung für Stipendium (sobald Zusage/ Praktikumsvertragvorliegt)
☐	Gültiger Reisepass
☐	Kranken-, Haftpflicht-, Unfallversicherung
☐	Impfungen
☐	Unterkunft
☐	Untermieterin für die Wohnung/das Zimmer zuhause
☐	Flug-, Bus- oder Bahnticket
☐	Internationalen Studierendenausweis beantragen
☐	Sprachkenntnisse auffrischen
☐	Interkulturelle Vorbereitung
☐	Information über das Zielland und den Zielort
☐	Melden beim Bürgerbüro im Ausland
☐	Lohnsteuerkarte beantragen (falls gewünscht)

(Fortsetzung)

Tab. 3.25 (Fortsetzung)

☐	Bankkonto im Ausland eröffnen
☐	Handy: Vertrag oder Pre-Paid Card
☐	Fahrkarte für öffentliche Verkehrsmittel
☐	Praktikumszeugnis (wichtig!)
☐	Praktikumsbericht

Informieren Sie sich beim Career Service und/oder International Office und/oder dem Stipendienreferat, welche finanziellen Fördermöglichkeiten es neben z. B. Erasmus oder den Stipendien des DAAD gibt.

3.4.3 Nebenjob

Ein Nebenjob hilft vielen Studierenden nicht nur dabei, ihr Studium zu finanzieren. Er ist auch eine gute Gelegenheit, wichtige praktische Erfahrungen zu sammeln und kann so auch als Alternative zum Praktikum verstanden werden. Ob ein Studentenjob relevant für die spätere Karriere ist oder nicht, hängt von der Art des Jobs ab.

Zunächst einmal gilt für alle Jobs neben dem Studium, dass Sie damit zeigen, dass Sie bereits während Ihrer Ausbildung Verantwortung für Ihr Einkommen übernehmen und es organisatorisch schaffen, zwei inhaltlich anspruchsvolle Dinge unter einen Hut zu bekommen, auch zeitlich.

Allerdings punkten Sie im CV mehr mit einem Job, der einen direkten oder indirekten Bezug zu Ihren späteren beruflichen Plänen hat. Dieser Bezug fehlt z. B. bei vielen Gastrojobs. Dies gilt generell für eher einfache Aushilfstätigkeiten. Es sei denn Sie wollen später einmal ins Eventmanagement oder einen anderen Beruf mit Bezügen zur Gastronomie.

Ob ein Job für Sie und Ihre Karriereplanung Sinn macht, müssen letzten Endes Sie selbst entscheiden. Einige Beispiele für meines Erachtens zielführende Nebenjobs aus meiner Beratungserfahrung.

Tab. 3.26 Welche Kompetenzen sind mit meinem Nebenjob verbunden?

Fachkompetenzen:	
Soziale Kompetenzen:	
Methodische Kompetenzen:	
Personale Kompetenzen:	

- Mitarbeit im Service Center einer Bank, einer Versicherung oder eines anderen Dienstleisters mit Kundenkontakt.
- Nebenjob in einer Kanzlei oder in einem Büro, bei dem man viel über Abläufe in einem Büroumfeld lernen kann.
- Unterstützung in einer politischen und/oder gemeinnützigen Organisation
- …

Überlegen Sie, welche Kompetenzen Sie in Ihren Nebenjob erwerben oder optimieren können, die Ihnen für Ihre spätere Karriere nutzen.

Lesen Sie im folgenden Kapitel weiter.

3.4.4 Werkstudentin

Viele dieser eher anspruchsvollen Tätigkeiten werden heutzutage als Werkstudenten-job bezeichnet. Sie sollten bei der Suche eher nach diesem Begriff Ausschau halten. Die Unternehmen wollen damit Ausdruck bringen, dass es sich um Tätigkeiten handelt, die nicht nur eine Verdienstmöglichkeit bieten, sondern die auch einen Bezug zu Ihrem Studium und/oder Ihren späteren Tätigkeiten haben.

Anders als das Praktikum sind Werkstudentenstellen oft besser bezahlt aber zeit-intensiver und häufig auf eine längere Beschäftigungsdauer ausgelegt.

Für die Nebenjobs und die Tätigkeit als Werkstudentin sind ähnliche Rahmen-bedingungen zu beachten wie beim Praktikum:

Tab. 3.27 Checkliste Nebenjobs/Tätigkeiten als Werkstudentin

☐	Während des Semesters können Sie durchschnittlich bis zu 20 h pro Woche für ein Unternehmen neben dem Studium arbeiten
☐	Während der Semesterferien können Sie mehr 20 Wochenstunden arbeiten
☐	Verdienen Sie bis zu EUR 450, so handelt es sich um einen Mini-Job. Sie sind von der Sozialversicherung befreit. Sie müssen aber krankenversichert sein
☐	Verdienen Sie bis zu EUR 850, so handelt es sich um einen Midi-Job. Sie sind sozialversichert, profitieren aber von günstigen Beitragssätzen. Nach 12 Monaten haben Sie Anspruch auf Arbeitslosengeld

3.4.5 Freiberufliche Tätigkeit

Bei einer freiberuflichen Tätigkeit entfällt die Frage nach der Sozialversicherung. Wiederum gilt aber, dass Sie als Studentin krankenversichert sein müssen. Auch der Umfang Ihrer freiberuflichen Tätigkeit darf während des Semesters im Durchschnitt nicht 20 h pro Woche überschreiten. Während der vorlesungsfreien Zeit können Sie mehr arbeiten. Sie benötigen keinen Gewerbeschein, müssen Ihre Tätigkeit aber dem Finanzamt melden. Ein Beispiel für eine freiberufliche Tätigkeit wäre das Geben von Nachhilfestunden. Weiteren Aufschluss über die Definition freiberuflicher Tätigkeit gibt § 18 EStG.

3.4.6 Duales Studium

Bei einem dualen Studium absolvieren Sie in der Regel zugleich eine klassische duale Ausbildung in einem Ausbildungsberuf in Verbindung mit einem Bachelorstudium an einer Hochschule (für angewandte Wissenschaften). Mit Blick auf die Studienfinanzierung haben Sie den großen Vorteil, dass Sie bereits während der Ausbildung ein Gehalt beziehen. Sie studieren sehr praxisnah und die Chancen einer direkten Übernahme in ein solides Arbeitsverhältnis sind sehr gut. Zu beachten ist allerdings die höhere Auslastung durch Studium, Ausbildung und Arbeit. Auch ist das Studium sehr auf einen bestimmten Fachbereich fokussiert und der Wechsel an eine andere Hochschule oder in ein anderes Fach ist nur schwer möglich.

3.5   Meine beruflichen Ziele während des Studiums

Hier können Sie Ihre Pläne zur beruflichen Tätigkeit neben dem Studium zusammen-fassen. Machen Sie sich Gedanken darüber, wann Sie eine solche Tätigkeit in welchem Umfang annehmen wollen.

Tab. 3.28 Zusammenfassung der beruflichen Ziele während des Studiums

Praktika im Inland:
Praktikum im Ausland:
Nebenjob / Werkstudententätigkeit:
Weitere berufliche Pläne:

Weiterführende Literatur

El-Mafaalani A (2014) Vom Arbeiterkind zum Akademiker. Über die Mühen des Aufstiegs. Konrad-Adenauer-Stiftung, Sankt Augustin

Erpenbeck J, von Rosenstiel L (Hrsg) (2007) Handbuch Kompetenzmessung. Erkennen, verstehen und bewerten von Kompetenzen in der betrieblichen, pädagogischen und psychologischen Praxis. Schäffer-Poeschel, Stuttgart

Fahr U (2017) Coaching an der Hochschule. Grundlagen und Impulse für Coaches und Hochschul-angehörige. Springer, Berlin

Kauffeld S, Spurk D (Hrsg) (2018) Handbuch Karriere und Laufbahnmanagement. Springer, Berlin

Krone S, Nieding I, Ratermann-Busse M (2019) Dual studieren – und dann? Eine empirische Studie zum Übergangsprozess Studium-Beruf dualer Studienabsolvent/inn/en. Hans-Böckler-Stiftung, Berlin. https://www.econstor.eu/bitstream/10419/194584/1/1662520190.pdf. Zugegriffen: 01. Okt. 2019

Pflaum S, Wüst L (2018) Der Mentoring Kompass für Unternehmen und Mentoren: Persönliche Erfahrungsberichte, Erfolgsprinzipien aus Forschung und Praxis. Springer, Berlin

Pflaum S (2016) Mentoring beim Übergang vom Studium in den Beruf: Eine empirische Studie zu Erfolgsfaktoren und wahrgenommenem Nutzen. Springer, Berlin

Reichhart T (2019) Das Prinzip Selbstfürsorge. Wie wir Verantwortung übernehmen und gelassen und frei leben. Kösel, München

Student und Arbeitsmarkt – der Career Service der LMU (Hrsg) (2019) Ihr Wegweiser zum Auslandspraktikum. https://www.s-a.uni-muenchen.de/studierende/praktikum/praktika_ausland/bewerbung_orga/broc-auslandspraktikum-neu.pdf. Zugegriffen: 25. Sept. 2019

Wehrle M (2011) Karriereberatung. Menschen wirksam im Beruf unterstützen. Beltz, Weinheim

Zeit Verlag (Hrsg) (2019) CHE Hochschulranking. www.che-ranking.de. Zugegriffen: 25. Sept. 2019

Die Phasen meines Studiums

4

Inhaltsverzeichnis

© Springer Fachmedien Wiesbaden GmbH, ein Teil von Springer Nature 2020

S. Pflaum, *Der Karriere-Kompass für Studierende,*
https://doi.org/10.1007/978-3-658-28847-1_4

In diesem Kapitel wird es um Orientierung und erste Hilfe für die einzelnen Phasen Ihres Studiums gehen.

4.1   Keine Ahnung... Vor dem Studium

Tab. 4.1   Wo bekomme ich Informationen über Studiengänge und -orte?

☐	Informationstage für Schüler an den Hochschulen
☐	Webseiten der Hochschulen selbst
☐	Hochschulmessen / Mastermessen (Da wir keine Werbung für einzelne Events machen wollen, werden Sie selbst im Internet schnell mit diesen Stichwörtern fündig.)
☐	www.berufenet.arbeitsagentur.de
☐	www.che-ranking.de
☐	
☐	
☐	

4.2   Absolute Beginners… Anfang des Studiums

Tab. 4.2 Zehn Orientierungspunkte zum Beginn des Studiums

☐	Nehmen Sie Kontakt zur Fachschaft Ihres Studiengangs auf. Dort erhalten Sie viele Informationen zu Ihrem Studium. Zudem organisieren Fachschaften oft Erstie-Tage, die Erstsemestern den Einstieg in den ersten Tagen erleichtern
☐	Gehen Sie zu Veranstaltungen wie den Erstsemester-Begrüßungen. Dort lernen Sie in recht zwangloser Atmosphäre Kommilitoninnen und die verschiedenen Institutionen, Hilfs- und Unterstützungsangebote Ihrer Hochschule kennen
☐	Halten Sie Ausschau nach Peer-to-Peer-Mentoring- oder Buddy-Programmen. Eine persönliche Mentorin an Ihrer Seite ist am Anfang ein großer Vorteil
☐	Nutzen Sie die IT-Services Ihrer Hochschule. Diese gehen von einer E-Mail-Adresse mit Domain Ihrer Hochschule (wichtig für Bewerbungen) über die kostenfreie oder kostengünstige Bereitstellung von sonst teurer Lizenz-Software bis hin zu für Sie relevanten IT-Kursen
☐	Melden Sie sich bei den Bibliotheken Ihres Hochschulstandortes an. Meist gibt es neben der Universitätsbibliothek weitere Angebote (in München z.B. die Bayerische Staatsbibliothek), die Sie nutzen sollten. Melden Sie sich so früh wie möglich zu Recherchekursen an und lernen Sie den Umgang mit Zitationssoftware sowie mit den elektronischen Medien und wissenschaftlichen Datenbanken
☐	Suchen Sie möglichst schon im ersten Semester den Career Service Ihrer Hochschule auf und informieren Sie sich unter anderem über dessen Beratungsangebot und Kursangebot
☐	Verschaffen Sie sich einen Überblick, wo Sie die folgenden Institutionen Ihrer Hochschule finden: - Studentenwerk - Allgemeine Studienberatung - Fachbezogene Studienberatung - Prüfungsamt - Interkulturelle Beratung & Diversity - Beratung Auslandsstudium/-praktika - Beratung für Stipendien - Studieren mit Kind - Psychosoziale Beratung - Studieren mit Behinderung - Beratung für angehende Studierende/Schülerinnen

(Fortsetzung)

Tab. 4.2 (Fortsetzung)

☐	Machen Sie sich mit den Hörsälen und Hochschulstandorten vertraut. Fahren Sie vor Beginn der Seminare und Vorlesungen, am besten einige Tage vor Semesterbeginn die Orte ab, damit Sie am Tag der Veranstaltung keinen Stress haben
☐	Schließen Sie sich in Seminaren zu Lerngruppen zusammen. Gemeinsam lernt es sich häufig einfacher
☐	Legen Sie sich ein Ordnungssystem für Ihre Studienunterlagen an, auf dem PC und in klassischen Ordnern. Überlegen Sie sich, ob Sie digitale oder handschriftliche Notizen bevorzugen
☐	Seien Sie geduldig und nachsichtig mit sich selbst. Sie sind im ersten Semester und dürfen Fehler machen. Zögern Sie aber nicht, ggf. Hilfe in Anspruch zu nehmen

4.3 Lost in Space… Zweifel, Abbrüche und Wechsel

Die ersten zwei bis drei Semester dürfen Sie ruhig als Orientierungsphase betrachten. Gefällt Ihnen Ihr Studiengang: wunderbar. Kommen Sie mit Ihrem Fach nicht zurecht, gehen Sie in sich, wägen Sie die Vor- und Nachteile eines Studiengangwechsels oder Abbruchs in Ruhe ab und hören Sie nach sachlicher Abwägung auf Ihr Bauchgefühl. Gewisse Zweifel am Studiengang in den ersten Semestern sind ganz normal. Werden diese Zweifel zu groß ist ein Abbruch oder ein Wechsel kein Beinbruch.

Auch um Ihren CV müssen Sie sich keine Sorgen machen. In den letzten Jahren setzt sich mehr und mehr eine Veränderung im Umgang mit Scheitern und Krisen durch. Sie werden (auch von Personalerinnen) als normale Bestandteile einer Karriere, eines Lebens gesehen. Entscheidend ist, wie Sie mit solchen Situationen umgehen, wie Sie Krisen, einen Abbruch oder einen Wechsel meistern und was sie danach bewusst anders gemacht haben. Damit stellen Sie unter Beweis, dass Sie in Ihrem Leben eine schwierige Situation mit einem Neuanfang gemeistert haben.

Selbst ein Studienabbruch kann vor einem guten Neuanfang stehen. So gibt es immer mehr Unternehmen, die explizit bei Studienabbrecherinnen um Auszubildende werben.

Vor einem Wechsel oder Abbruch sollten Sie sich zunächst die folgenden Fragen stellen. Sprechen Sie mit Freundinnen und Kommilitoninnen über Ihre Beweggründe und suchen Sie die allgemeine und/oder fachbezogene Studienberatung Ihrer Hochschule auf.

Tab. 4.3   Fragen rund um einen Studiengangswechsel oder Abbruch

1.   Warum haben Sie sich ursprünglich für dieses Studium entschieden?
2.   Welche Ihrer Vorstellungen über das Studium haben sich erfüllt?
3.   Welche Vorstellungen über das Studium haben sich nicht erfüllt und warum nicht?
4.   Was müsste sich ändern, damit sich Ihre Vorstellungen erfüllen?
5.   Was könnten Sie ggf. realistischerweise tun, um Ihre Vorstellungen zu erfüllen?
6.   Was könnten ggf. andere realistischerweise tun, um Ihre Vorstellungen zu erfüllen?
7.   Welche konkreten Vorteile hat ein Wechsel/Abbruch für Sie (im Vergleich zur Fortsetzung des Studiums)?
8.   Welche konkreten Nachteile hat ein Wechsel/Abbruch für Sie (im Vergleich zur Fortsetzung des Studiums)?

(Fortsetzung)

Tab. 4.3 (Fortsetzung)

9. Welche konkreten Nachteile hat die Fortsetzung des Studiums?
10. Welche konkreten Vorteile hat die Fortsetzung des Studiums?

Nachdem Sie die Fragen für sich beantwortet haben, gehen Sie noch einmal in sich und überlegen, welche der Fragen, insbesondere die zu den Vorteilen und Nachteilen Sie besonders schwer bzw. besonders leicht und umfangreich beantworten konnten. Unabhängig davon, ob Sie sich für oder gegen einen Wechsel oder Abbruch entscheiden, richten Sie den Blick gleich nach vorne:

Tab. 4.4 Ihre Pläne nach Ihrer Entscheidung

Was werde ich in den nächsten 6 Monaten nach meiner Entscheidung für die Fortsetzung oder für den Wechsel/Abbruch des Studiums tun?	
1.	
2.	
3.	

4.4   Im Auge des Orkans… in der Hauptphase des Studiums

In der Hauptphase des Studiums ab etwa dem dritten Semester geht es in den meisten Studiengängen darum, den einen oder anderen fachlichen Schwerpunkt zu setzen.

Jetzt ist auch die ideale Zeit, sich eine persönliche Mentorin als Sparringspartnerin zu suchen, die Ihnen dabei helfen kann, die richtigen Weichen im Studium und bei Praktika oder Jobs zu stellen (s. a. Abschn. 3.3.5).

Sich selbst können Sie z. B. folgende Fragen stellen:

Tab. 4.5 Orientierungsfragen in der Mitte des Studiums

Welche Seminare / Vorlesungen haben mir besonders gefallen und bieten sich inhaltlich als Schwerpunkt für das weitere Studium an?
Welche Möglichkeiten für einen Master habe ich bereits ins Auge gefasst und mit welchen Studienschwerpunkten kann ich in diese Richtung arbeiten?
Welche Praktika machen mit Blick auf einen künftigen Master oder einen Berufseinstieg nach dem Bachelor / Master Sinn? (siehe auch Kap. 3.4)
Welche Zusatzqualifikationen habe ich mir angeeignet / sollte ich mir noch aneignen? (ausführlich in Kap. 4.5)
Wie kann ich mich an meiner Hochschule engagieren? Z. B. in einer Fachschaft, als Peer-Mentorin, in Hochschulgremien…
Welche Ideen habe ich bereits für mein späteres Berufsleben? Welche Branchen und Berufe kommen (nicht) in Frage und warum (nicht)?

4.5   Nach links und rechts schauen – Zusatzqualifikationen

Arbeitgeberinnen achten stark darauf, was Sie neben Ihrem Studium gemacht haben. Welche Ehrenämter haben Sie ausgeübt? Welche Nebenjobs, Praktika, Auslandsaufenthalte und/oder Werkstudentinnenstellen haben Sie absolviert? Für die meisten Personalerinnen sind diese Punkte viel wichtiger als die eins vor dem Komma bei der Abschlussnote. In diesem Kapitel finden Sie eine Checkliste mit Vorschlägen für sinnvolle Zusatzqualifikationen. Örtlich, zeitlich und auch preislich am besten zugeschnitten auf die Bedürfnisse von Studentinnen sind die Kurse, die an Ihrer Universität angeboten werden. Oft bietet der Career Service der Hochschule solche Seminare an. Eine Alternative ist es, offene Veranstaltungen an anderen Fakultäten zu einem für Sie interessanten Thema zu besuchen.

Tab. 4.6 Checkliste Zusatzqualifikationen

	Zusatzkurs	geplant wann?
☐	Business English	
☐	English Conversation	
☐	Fachspezifischer Fremdsprachenkurs in:	
☐	Eine neue Fremdsprache lernen:	
☐	Grundlagen der Betriebswirtschaftslehre	
☐	Projektmanagement	
☐	Excel / Tabellenkalkulation	
☐	Programmieren mit Visual Basic	
☐	Programmiersprache lernen:	
☐	Office Software – Grundkenntnisse erweitern	
☐	Bewerbungstraining	
☐	Business Case Übungen/Fallstudien	
☐	Marketing/Vertrieb	
☐	10 Finger Schreiben	
☐	Personalmanagement	
☐	Arbeitsrecht	
☐	Personalentwicklung	

(Fortsetzung)

Tab. 4.6 (Fortsetzung)

	Zusatzkurs	geplant wann?
☐	Präsentationstechniken	
☐	Rhetorik	
☐	Konfliktmanagement	
☐	Selbstmanagement	
☐	Verhandeln (nach Harvard)	
☐	Stressresistenz und Resilienz	
☐	Grafikbearbeitung	
☐	Richtig Lernen	
☐	Wissenschaftliches Recherchieren, Schreiben, Publizieren	
☐	Interkulturelle Kompetenzen	
☐	Statistik / Data Science	
☐	Wirtschaftsinformatik	
☐	Eigene Ideen:	
☐	Eigene Ideen:	
☐	Eigene Ideen:	

4.6   Als Freund zu Gast in der Welt: Auslandssemester

Im Abschn. 3.4.2 finden Sie schon einige wichtige Hinweise sowie eine Checkliste für Ihren Auslandsaufenthalt. Bei einem Auslandssemester verbringen Sie ein ganzes Semester bzw. etwa ein halbes Jahr in einem anderen Land. Diese Erfahrung wird Sie in positiver Weise prägen. Vielen Unternehmen ist es wichtig, dass Bewerberinnen zumindest einmal eine längere Zeit im Ausland verbracht haben und so in eine andere Kultur eingetaucht sind. Folgende Checkliste soll Ihnen bei Ihren Überlegungen zum Auslandssemester helfen:

Tab. 4.7 Checkliste für Ihr Semester im Ausland

☐	Informieren Sie sich an Ihrer Hochschule / Ihrer Fakultät über Partnerhochschulen im Ausland. Welche Länder / Hochschulen kommen in Frage?
☐	Informieren Sie sich über Fördermöglichkeiten wie ERASMUS oder DAAD. Welche kommen in Frage?
☐	Beachten Sie bei Ihren Vorbereitungen die Bewerbungsfristen:
☐	In welchem Semester macht der Auslandsaufenthalt für Sie Sinn? (Viele Bachelor-Studierende machen diesen ab dem 4./5. Semester.
☐	Verfügen Sie über ausreichende ggf. nachzuweisende Sprachkenntnisse? (z. B. TOEFL, IELTS, DAAD)

(Fortsetzung)

Tab. 4.7 (Fortsetzung)

☐	Informieren Sie sich über die Lehrveranstaltungen an Ihrer Wunschuniversität
☐	Besprechen Sie die Möglichkeiten der Anerkennung der gewünschten Kurse mit Ihrem Studiengangskoordinatorin / Erasmus-Koordinatorin
☐	Dokumentieren Sie (Transcript of Records) Ihre im Ausland erbrachten Studienleistungen

4.7   Das Ende ist nah… am Ende des Studiums

Nun geht es um die Frage, wie Sie Ihren Übergang vom Studium in den Beruf am besten vorbereiten und gestalten. Die folgende Checkliste bietet Ihnen eine erste Orientierung.

Tab. 4.8 Checkliste zum Studienabschluss

		Zeitplanung
☐	Was haben Sie in den kommenden Monaten mit Blick auf das Ende Ihres Studiums bereits vor?	
☐	Vereinbaren Sie ggf. einen Termin für ein Gespräch mit Ihrer Mentorin oder einer Beratungsstelle wie dem Career Service Ihrer Universität. Welche Fragen sind für Sie offen? / Wobei benötigen Sie Unterstützung?	
☐	Folgende 3-5 Branchen kommen für mich primär in Frage: 1. 2. 3. 4. 5.	
☐	Durchforsten Sie die Angebote der Jobbörse Ihrer Hochschule. Welche Ideen haben Sie dabei? Wo wollen / könnten Sie sich bewerben?	

(Fortsetzung)

Tab. 4.8 (Fortsetzung)

☐	Lassen Sie Ihre Bewerbungsunterlagen von einem Profi checken. Viele Career Service bieten dies kostenlos an	
☐	Meine erste Bewerbung geht an:	

Weiterführende Literatur

Erpenbeck J, von Rosenstiel L (Hrsg) (2007) Handbuch Kompetenzmessung. Erkennen, verstehen und bewerten von Kompetenzen in der betrieblichen, pädagogischen und psychologischen Praxis. Schäffer-Poeschel, Stuttgart

Großmaß R (2010) Beratung in der Praxis: Konzepte und Fallbeispiele aus der Hochschulberatung. DGVT, Tübingen

Kauffeld S, Spurk D (Hrsg) (2018) Handbuch Karriere und Laufbahnmanagement. Springer, Berlin

Pflaum S (2016) Mentoring beim Übergang vom Studium in den Beruf: Eine empirische Studie zu Erfolgsfaktoren und wahrgenommenem Nutzen. Springer, Berlin

Pflaum S, Wüst L (2018) Der Mentoring Kompass für Unternehmen und Mentoren: Persönliche Erfahrungsberichte, Erfolgsprinzipien aus Forschung und Praxis. Springer, Berlin

Reichhart T (2019) Das Prinzip Selbstfürsorge. Wie wir Verantwortung übernehmen und gelassen und frei leben. Kösel, München

Student und Arbeitsmarkt – der Career Service der LMU (Hrsg.) (2019) Ihr Wegweiser zum Auslandspraktikum. https://www.s-a.uni-muenchen.de/studierende/praktikum/praktika_ausland/bewerbung_orga/broc-auslandspraktikum-neu.pdf. Zugegriffen: 25. Sept. 2019

Wehrle M (2011) Karriereberatung. Menschen wirksam im Beruf unterstützen. Beltz, Weinheim

Wie weit will ich gehen?

5

Inhaltsverzeichnis

Dieses Kapitel soll Ihnen bei der Entscheidung helfen, wie hoch und weit Sie den akademischen Olymp besteigen wollen.

5.1   Bachelor

Das Studium mit Abschluss Bachelor wird auch als grundständiges Studium bezeichnet, das Sie zu Ihrem ersten akademischen Abschluss führt. Pro Semester sollen Sie 30 ECTS-Punkte erwerben. Am Ende des Studiums stehen beim Uni-Studium 180 ECTS. Dazwischen liegen 6 Semester oder ca. 3 Jahre Studium. An den Hochschulen für angewandte Wissenschaften kommt i. d. R ein Praxissemester mit 30 ECTS hinzu. Ihr Studium dauert in diesem Fall 7 Semester und endet mit 210 erworbenen ECTS. Der Studienabschluss kann sich durch ein unbedingt empfohlenes zusätzliches Auslandssemester oder ein längeres Praktikum nach hinten schieben.

Der Bachelor ist Ihr vollwertiger erster Studienabschluss. Eingeführt wurde er, damit Studierende, die keine wissenschaftliche Karriere, sondern einen frühen Eintritt ins Berufsleben anstreben, schneller fertig werden. Allerdings beklagen viele Unternehmen heute, – fünfzehn Jahre nach ihrem Klagelied, deutsche Absolventinnen seien zu alt – dass Bachelor Absolventinnen mit 21 bis 23 Jahren zu jung und unerfahren seien, um im

Unternehmen in vergleichbaren Positionen durchzustarten, wie es früher Absolventinnen mit Diplom- oder Magister-Abschluss taten. Inzwischen haben sich die meisten Unternehmen auf die jüngeren Absolventinnen eingestellt und Einstiegspositionen für Bachelor, z. B. in Form von angepassten Traineeprogrammen geschaffen.

In den meisten Unternehmen steigen Sie mit dem Bachelor beim Gehalt etwas niedriger ein als mit einem Master. Dennoch können Sie auch „nur" mit Bachelor eine gute Karriere machen. Allerdings gibt es nach wie vor Unternehmen, die ausschließlich Master-Absolventinnen in akademische Positionen einstellen.

5.2   Master

Tendenziell dürfte Ihr Karrierewinkel mit einem Master-Abschluss steiler sein und Ihnen stehen mehr Einstiegspositionen offen. Für eine wissenschaftliche oder eine Karriere im höheren öffentlichen Dienst ist ein Master-Abschluss obligatorisch.

Je nach Studiengang und Hochschulart dauert ein Master zwischen einem und in den meisten Fällen zwei Jahren, also ca. vier Semester. Sie erwerben dabei 120 ECTS. Bei einem konsekutiven Master bauen Sie fachlich auf Ihrem Bachelor auf und erwerben vertiefte wissenschaftliche und methodische Kenntnisse im gleichen oder einem verwandten Fachbereich Ihres Bachelors.

Grundsätzlich können Sie nach dem Bachelor-Abschluss an einer Hochschule für angewandte Wissenschaften zum Master an eine Universität wechseln. Allerdings setzen hier einige Hochschulen immer wieder Grenzen, was die Anerkennung von in einzelnen Fächern erbrachten Studienleistungen angeht. Es ist also nicht immer ganz einfach.

Meine persönliche Empfehlung an Sie: Wenn Sie den Master anstreben, sollten Sie dies zeitnah nach dem Bachelor-Abschluss tun. Je länger man aus dem akademischen Betrieb in die Berufswelt eingestiegen ist, desto schwerer fällt vielen Studierenden der Wiedereinstieg in die Welt der Seminare, Klausuren und Abschlussarbeiten.

Eine Alternative zum Vollzeit-Masterstudium ist ein Teilzeit-Master-Programm oder ein dualer Master-Studiengang, der Ihnen gleichzeitigen Zugang in die akademische und die Berufswelt ermöglicht.

5.3   Promotion

Außerhalb der Wissenschaft spielt die Promotion eine immer geringere Rolle. Selbst in der Medizin ist – verkürzt gesagt – der Doktor für die eigene Praxis keine Pflicht mehr auf dem Messingschild. Allerdings ist die Promotion nach wie vor in vielen naturwissenschaftlich geprägten, forschungsnahen Berufsfeldern wichtig bzw. wird von einigen Unternehmen auch vorausgesetzt.

Bevor Sie ein Promotionsvorhaben angehen, sollten Sie sich bewusst machen, dass Sie sich in den meisten Fällen die nächsten drei bis fünf Jahre mit einem bestimmten Thema, mit einer Fragestellung auseinandersetzen werden.

Sie müssen sich für diese Zeit eine zuverlässige und Ihnen positiv verbundene Doktormutter suchen. Für diese Suche müssen Sie ein Exposé zu Ihrem Forschungsvorhaben erstellen. Eine Anleitung hierfür würde den Rahmen dieses Buches sprengen, daher nur drei zentrale Gedanken aus meiner eigenen Erfahrung:

1. Versuchen Sie Ihr Forschungsvorhaben in einem Satz zusammenzufassen. Was ist das Ziel Ihrer Arbeit und welchen Mehrwert hat die wissenschaftliche Gemeinschaft davon?
2. Ihr Exposé sollte in etwa 10 Seiten umfassen und neben einem kurzen Abriss zum aktuellen Forschungsstand eine Liste mit der für Sie infrage kommenden Literatur beinhalten.
3. Legen Sie Ihren Zeitplan für die drei bis fünf Jahre der Promotion darin fest.

Lassen Sie sich auf der Suche nach einer Doktormutter nicht von Absagen entmutigen. Ich selbst habe drei Anläufe gebraucht. Am ehesten werden Sie bei Universitäts-Professorinnen fündig, die Ihnen aus dem Studium als gut bekannt sind und bei denen Sie sich z. B. mit einer besonders guten Leistung auf sich aufmerksam gemacht haben.

5.4   Was ist sinnvoll für mich?

Der folgende Fragebogen soll Ihnen eine kleine Entscheidungshilfe sein. Sprechen Sie aber in jedem Fall mit Kommilitoninnen, Ihrer Studienberatung oder mit Hochschuldozentinnen, zu denen Sie Vertrauen haben.

Tab. 5.1 Checkliste bis zu welchem Abschluss?

	Berufseinstieg nach dem Bachelor
- ① ② ③ ④ ⑤ +	Ich will endlich ins Berufsleben einsteigen und praktisch arbeiten
- ① ② ③ ④ ⑤ +	Ich will ein volles Gehalt, mit dem ich mein Leben angemessen finanzieren kann
- ① ② ③ ④ ⑤ +	Ich möchte mich nicht mehr weiter mit meinem Fachbereich oder einem verwandten Fachbereich wissenschaftlich auseinandersetzen
- ① ② ③ ④ ⑤ +	Ich habe keine Lust mehr auf Seminare, Klausuren und Seminararbeiten
- ① ② ③ ④ ⑤ +	Ich habe eine oder mehrere konkrete Ideen, wo ich beruflich mit meinem Bachelor-Abschluss einsteigen kann
- ① ② ③ ④ ⑤ +	Eigene Überlegungen:
- ① ② ③ ④ ⑤ +	Eigene Überlegungen:
- ① ② ③ ④ ⑤ +	Eigene Überlegungen:
	Zählen Sie die Punkte zusammen. _____ von 40 möglichen Punkten
	Entscheidung für das Master-Studium
- ① ② ③ ④ ⑤ +	Es macht mir Spaß, mich weiter in mein Fachgebiet einzuarbeiten
- ① ② ③ ④ ⑤ +	Ich arbeite gerne wissenschaftlich
- ① ② ③ ④ ⑤ +	Ich habe die Seminare, Klausuren und Abschlussarbeiten im Bachelor gemeistert, dann werde ich auch die im Master-Studium meistern

(Fortsetzung)

Tab. 5.1 (Fortsetzung)

- ① ② ③ ④ ⑤ +	Ich kann mich noch zwei weitere Jahre als Studentin finanzieren
- ① ② ③ ④ ⑤ +	Die Stellen, die mich ansprechen, sind oft nur mit Master möglich
- ① ② ③ ④ ⑤ +	Eigene Überlegungen:
- ① ② ③ ④ ⑤ +	Eigene Überlegungen:
- ① ② ③ ④ ⑤ +	Eigene Überlegungen:
	Zählen Sie die Punkte zusammen. _____ von 40 möglichen Punkten
	Aufnahme einer Promotion
- ① ② ③ ④ ⑤ +	Ich arbeite sehr gerne wissenschaftlich, nach wissenschaftlichen Regeln
- ① ② ③ ④ ⑤ +	Es macht mir Spaß, viele wissenschaftliche Texte zu lesen
- ① ② ③ ④ ⑤ +	Seminararbeiten im Bachelor und Master waren nie ein Problem für mich
- ① ② ③ ④ ⑤ +	Ich kann es mir gut vorstellen, mich die nächsten drei bis fünf Jahre intensiv und selbstständig mit einem komplexen Thema auseinanderzusetzen
- ① ② ③ ④ ⑤ +	Ich kann mein Forschungsvorhaben in einem Satz formulieren und ein Exposé zu verfassen ist/war kein Problem für mich
- ① ② ③ ④ ⑤ +	Eigene Überlegungen:

(Fortsetzung)

Tab. 5.1   (Fortsetzung)

- ① ② ③ ④ ⑤ +	Eigene Überlegungen:
- ① ② ③ ④ ⑤ +	Eigene Überlegungen:
	Zählen Sie die Punkte zusammen. _____ von 40 möglichen Punkten

Weiterführende Literatur

Erpenbeck J, von Rosenstiel L (Hrsg) (2007) Handbuch Kompetenzmessung. Erkennen, verstehen und bewerten von Kompetenzen in der betrieblichen, pädagogischen und psychologischen Praxis. Schäffer-Poeschel, Stuttgart

Kauffeld S, Spurk D (Hrsg) (2018) Handbuch Karriere und Laufbahnmanagement. Springer, Berlin

Pflaum S (2016) Mentoring beim Übergang vom Studium in den Beruf: Eine empirische Studie zu Erfolgsfaktoren und wahrgenommenem Nutzen. Springer, Berlin

Pflaum S, Wüst L (2018) Der Mentoring Kompass für Unternehmen und Mentoren: Persönliche Erfahrungsberichte, Erfolgsprinzipien aus Forschung und Praxis. Springer, Berlin

Reichhart T (2019) Das Prinzip Selbstfürsorge. Wie wir Verantwortung übernehmen und gelassen und frei leben. Kösel, München

Wehrle M (2011) Karriereberatung. Menschen wirksam im Beruf unterstützen. Beltz, Weinheim

Der Arbeitsmarkt und ich

6

Inhaltsverzeichnis

Elektronisches Zusatzmaterial Die elektronische Version dieses Kapitels enthält
Zusatzmaterial, das berechtigten Benutzern zur Verfügung steht. https://doi.org/10.1007/978-3-
658-28847-1_6

© Springer Fachmedien Wiesbaden GmbH, ein Teil von Springer Nature 2020
S. Pflaum, *Der Karriere-Kompass für Studierende*,
https://doi.org/10.1007/978-3-658-28847-1_6

6.1   Weg von Bewerbungsunterlagen hin zum persönlichen Profil

Gehen Sie in eine gut sortierte Buchhandlung und Sie werden zum Thema Bewerbung ganze Ecken oder mehrere Meter Regal vorfinden. Dazu zählen allgemeine Ratgeber und vermeintlich spezielle Literatur für Bewerberinnen von der Ägyptologin bis zur Zahnmedizinerin. Blättert man dann ein wenig darin herum, stellt man schnell fest, dass sich von der Autorin, über die Tipps bis hin zu den Protagonistinnen alles sehr ähnelt. Das hat mich als Student schon sehr gewundert und später als Personaler war es mir ein Vergnügen, zu erraten, welchem Ratgeber eine Bewerberin wohl gefolgt ist. Im Web finden sich heute in den sozialen Netzwerken wie XING, LinkedIn oder anderen Berufsportalen ebenfalls zahlreiche Vorlagen oder gar Tools, zur fast vollautomatisierten Erstellung von CVs. Das mag durchaus sinnvoll sein, wenn ein Unternehmen explizit um ein entsprechend standardisiertes Dokument bittet oder gar auf der eigenen Karriereseite ein Formular zur Dateneingabe des eigenen Werdegangs anbieten. Ich selbst finde diese Tools nicht gut, sowohl für die Bewerberin als auch für die Personalerin: Die Individualität und damit einhergehend meist auch die Originalität gehen verloren. Die Bewerberin zwängt ihren Lebenslauf in ein nicht immer gut sitzendes Korsett und für die Personalerin geht die Chance verloren, einen ersten persönlichen Eindruck der Bewerberin zu bekommen. Das andere Extrem sind bunte, mit Grafiken und Symbolen überladene Lebensläufe und Anschreiben, die einem von den neuesten Versionen von Textverarbeitungsprogrammen offeriert werden. Das Ergebnis ist leider oft viel Form, der dann wenig oder gar fehlender Inhalt folgt.

Auf den folgenden Seiten werde ich mich bemühen, mit Ihnen einen anderen Weg zu beschreiten: Bei der Form klassisch bleiben und dem Inhalt so viel persönliche Note geben wie möglich.

6.2   Stellenanzeigen richtig lesen und für sich selbst bewerten

Am wichtigsten ist es, dass Sie mit gesundem Selbstbewusstsein an die Analyse von Stellenanzeigen gehen. Ich kann mich noch gut an das Gefühl als Absolvent erinnern, dass eigentlich keine Stellenanzeige so wirklich zu mir gepasst hat. Und das lag mit Sicherheit nicht allein an meinem Studium der Sozialwissenschaften. Auch aus meinen heutigen Beratungsgesprächen mit Studierenden der Wirtschaftswissenschaften oder gar der vielgesuchten Naturwissenschaften weiß ich, dass es oft schwer zu entschlüsseln ist, ob man sich von einer Anzeige nun angesprochen fühlen darf oder nicht. Dazu muss man folgendes wissen:

1. Nicht von wichtig klingenden Jobbezeichnungen irritieren lassen. Unternehmen übernehmen sich hier allzu oft im Spagat, die Stelle up to date und hochwertig darzustellen. Beim Wort „Expert" im Jobtitel gilt es für einen selbst zu prüfen, ob man bereits Expertise im genannten Bereich erworben hat. Dazu zählen Studienschwerpunkte, Praktika und/oder Werkstudentinnenstellen in diesem oder einem verwandten Bereich.
2. Hinter den Wörtern „Junior" und „Senior" verbergen sich verschiedene Berufserfahrungsstufen. Junior-Positionen sind Einstiegspositionen, auf die Sie sich als Absolventin ohne Probleme bewerben können. Auch wenn es keine feste Definition dafür gibt, kann man in der Regel davon ausgehen, dass sich hinter dem Wort „Senior" eine Berufserfahrung im genannten Bereich von mindestens drei Jahren verbirgt.
3. Trainee-Stellen sind klar Einstiegspositionen für Absolventinnen. Sie eignen sich insbesondere dann, wenn man noch nicht genau weiß, in welchem Unternehmensbereich man arbeiten will.

6.3   Stellensuche online: von Website bis Social Media

Es gibt viele Wege der Stellensuche von Print bis Online. Da ich kein Unternehmen kenne, dass seine Stellenanzeigen nicht auch online bereitstellt, beschränke ich mich darauf, welche Onlinewege es gibt und wie man diese am besten nutzt. Ergänzend beschreibe ich im folgenden Kapitel mit den Kontaktmessen und Karriereevents einen auch im Onlinezeitalter immer wichtiger werdenden Weg der Stellensuche. Aber kommen wir zunächst zur Online-Stellensuche.

Internetauftritte von Unternehmen:

6.3.1   Jobportal der Arbeitsagentur: www.arbeitsagentur.de

Auch wenn der Internetauftritt der Arbeitsagentur auf den ersten Blick arg grau wirkt, so enthält er doch zahlreiche wichtige und gut aufbereitete Informationen rund um das Thema Arbeit und Arbeitsmarkt und ist nach wie vor die größte Online-Jobbörse in Deutschland. Der Besuch lohnt sich.

Die Webseite führt auch zu weiteren interessanten Angeboten. Zu diesen zählt das Berufenet (www.berufenet.arbeitsagentur.de). Hier kann man sich einen schnellen Überblick über die aktuelle Berufs- und Arbeitswelt verschaffen, von verschiedenen Berufsfeldern bis hin zu neueren Daten darüber, wie die Jobchancen in einem bestimmten Bereich aussehen.

Wer noch kaum oder keine Vorstellung davon hat, was sie nach dem Studium machen will, kann sich z. B. über den „Sucheinstieg über Tätigkeitsfelder" Ideen holen. Bevor

man zur Suche in der Jobbörse schreitet, sollte man sich hier einige passende Berufs-
bezeichnungen heraussuchen, sodass man gezielt danach suchen kann.

Zu den Jobs gelangt man direkt über den Link www.jobboerse.arbeitsagentur.de. Die
Suche ist etwas tricky, weil die Stichwortvorgaben der Seite restriktiv sind und mit den
zahlreichen, mit Anglizismen glänzenden, von Unternehmen zu Unternehmen wechseln-
den Jobbezeichnungen nicht mithalten können. Alternativ gibt es auch eine Gliederung
nach Branchen, durch die man sich klicken kann.

6.3.2   Jobbörsen der Hochschulen

Besondere Aufmerksamkeit sollten Sie den Jobbörsen Ihrer eigenen Hochschule bzw. des
Career Service Ihrer Hochschule schenken. Hier inserieren in der Regel die Unternehmen,
die ein besonderes Interesse an deren Absolventinnen haben und/oder regional mit einem
Unternehmensstandort vertreten sind. Einige von den dort gelisteten Unternehmen sind
mit Sicherheit auch auf den Karriereveranstaltungen des Career Service vertreten.

6.3.3   Weitere Jobsuchmaschinen

In der folgenden Tabelle seien noch einige weitere Jobbörsen ohne Anspruch auf Vollständigkeit genannt, die ich persönlich hilfreich finde.

Tab. 6.1 Weitere Jobbörsen

www.jobs.meinestadt.de	Nach der Jobbörse der Arbeitsagentur ist dies die zweitgrößte Jobsuchmaschine mit sinnvoller Möglichkeit der Eingrenzung der Suche auf Ihren Wohn- und Studienort. Es werden auch Jobs aus der Jobbörse der Arbeitsagentur angezeigt
www.jobs.sueddeutsche.de	Der Stellenmarkt der Süddeutschen Zeitung enthält ebenfalls viele Anzeigen für Akademikerinnen. Das Angebot ist nahezu identisch mit dem der Frankfurter Allgemeinen Zeitung
www.jobs.zeit.de	Die Zeit bietet Ihnen vor allem Jobangebote aus den Bereichen Wissenschaft und Forschung sowie aus dem öffentlichen Dienst
www.service.bund.de	Auf dieser Seite finden Sie viele Stellenausschreibungen der kommunalen, Landes- und Bundesbehörden. Leider sind nicht alle Stellen dort ausgeschrieben, so dass sich ein Blick auf die Karriereseiten einer für Sie interessanten Behörde / Organisation lohnt

6.3.4   Professional und Social Networks

In den letzten fünf Jahren gewinnen soziale Netzwerke bei der Jobsuche an Bedeutung. Die „innovativsten" Unternehmen werben auch auf Facebook, Snapchat, Instagram und co. um Personal. Weiter verbreitet ist die Suche über XING und/oder LinkedIn. Auch als Studentin kann es sich lohnen, sich dort ein Profil anzulegen. Immer mehr Personalerinnen inserieren nicht nur dort, sondern nutzen die Portale auch aktiv, um Kandidatinnen anzusprechen. Wichtig ist allerdings, dass Sie Ihren Posteingang dort regelmäßig checken und Ihr Profil aktuell halten. Ein schlecht gepflegtes Profil hinterlässt einen eher schlechten Eindruck, auch dann, wenn Sie sich auf anderem Wege bewerben und eine Personalerin bei einer Onlinerecherche zu Ihrer Person dort landet.

Tab. 6.2   Checkliste Profil in sozialen Netzwerken

☐	Verwenden Sie ein aktuelles, professionelles und bewerbungstaugliches Foto von sich
☐	Ihre Angaben zu Tätigkeiten und Berufserfahrungen müssen inhaltlich und zeitlich deckungsgleich mit denen Ihres CVs sein
☐	Beschreiben Sie Ihre Person und Persönlichkeit in den entsprechenden Feldern so, wie Sie es im Anschreiben einer Bewerbung tun würden. Lassen Sie Ihre Texte auf Rechtschreib- und Tippfehler von einer Freundin gegenlesen
☐	Werden Sie (nur) bewusst Mitglied einer oder mehrerer Gruppen auf LinkedIn und/oder XING. Auch Ihre Mitgliedschaften sagen etwas über Sie aus
☐	Nehmen Sie nicht blind jede Kontaktanfrage an, sondern checken Sie jede Anfrage danach, ob Sie diese Person kennen und/oder ob Ihnen dieser Kontakt einen Mehrwert bringt
☐	Achten Sie immer darauf, was Sie in Gruppen, Foren oder auf Seiten online schreiben. Das Netz vergisst nichts. Denken Sie daran, dass Ihre Beiträge möglicherweise in fünf oder zehn Jahren immer noch von Suchmaschinen und damit von potenziellen Arbeitgeberinnen zu finden sind
☐	Sie müssen nicht warten, bis Sie ein Headhunter oder Recruiter über ein soziales Netzwerk anspricht. Wenn Sie ein bestimmtes Unternehmen interessiert, suchen Sie nach dessen Vertreterinnen (Recruiting, Hochschulmarketing, University Recruiting, …) auf XING und LinkedIn und schreiben Sie diese mit Ihren (gut bedachten und formulierten Fragen) an

Achten Sie nicht nur bei den professionellen, sondern auch bei den privaten Social Networks darauf, was Sie in der Öffentlichkeit schreiben und von sich preisgeben. Die Onlinesuche nach den Namen von Bewerberinnen gehört inzwischen zum Standard-Prozedere im Recruiting-Prozess.

6.4   Stellensuche offline: Messen und Events

Viel besser noch ist es, Kontakte live und vor Ort zu knüpfen. Halten Sie daher frühzeitig nach Karrieremessen und Events Ausschau. In Abschn. 3.3.4 finden Sie eine Checkliste, wie Sie sich am besten auf eine solche Jobmesse vorbereiten. Ich persönlich empfehle Ihnen, in erster Linie die Events und Messen an Ihrer Hochschule zu besuchen. Denn die teilnehmenden Unternehmen haben explizit an den Studierenden und Absolventinnen Ihrer Hochschule Interesse. In der folgenden Tabelle finden Sie ergänzend eine kurze Übersicht der wichtigsten Karrieremessen für Studierende und Absolventinnen:

Tab. 6.3 Wichtige Karrieremessen in Deutschland

Absolventenkongress	Der Absolventenkongress findet mehrmals im Jahr in verschiedenen großen Städten statt. Sehr viele Studierende treffen hier auf sehr viele Unternehmen. Es gibt viele Veranstaltungen, Vorträge und Angebote dort. Allerdings ist das Event ob der Größe unübersichtlich und die Gespräche mit Unternehmensvertreterinnen am Messestand haben oft den Charakter von Fließbandarbeit
Bonding	Die Bonding findet ebenfalls mehrmals im Jahr an verschiedenen Standorten statt. Das Besondere daran ist, dass Sie von Studierenden organisiert wird. Der Fokus liegt auf den Wirtschafts- und Naturwissenschaften
Karrieretag Familienunternehmen	Der Karrieretag bietet den Zugang zu 300 namhaften Unternehmen des deutschen Mittelstands. Das Event findet an wechselnden Locations statt. Trotz einer gewissen Größe fällt es hier leicht, gute Kontakte zu Personalerinnen und Entscheiderinnen zu treffen
Stuzubi	Schülerinnen können sich mehrmals im Jahr an verschiedenen Orten über Studien- und Ausbildungsmöglichkeiten informieren

Darüber hinaus gibt es zahlreiche regionale und zielgruppenspezifische Messe- und Eventangebote, die man leicht über eine Suchmaschine über das Stichwort „Karrieremessen 20XX" findet.

6.5   Anschreiben

Inzwischen geht der Trend dahin, dass Unternehmen auf das klassische Anschreiben verzichten, bzw. es durch ein kurzes Motivationsschreiben ersetzen. Unabhängig davon lohnt es sich in jedem Fall, sich schriftlich Gedanken zur Stelle, zum Unternehmen und der eigenen Motivation zu machen, darüber hinaus dazu, welche Kompetenzen Sie für die Stelle mitbringen, wie das Unternehmen von Ihnen profitiert und wie Ihre beruflichen Pläne mit Blick auf diese Stelle aussehen. Spätestens beim Jobinterview werden Sie für diese Vorbereitung belohnt.

Bevor ich darüber schreibe, wie so ein Bewerbungs- oder Motivationsschreiben aussehen sollte, gleich zu Beginn ein kurzer Absatz dazu, was mir als Personaler und Karriereberater in vielen Schreiben fehlt:

Oft sind die Bewerberinnen sehr gut darin, ihre eigenen Kompetenzen und Erfahrungen gut aufzulisten. Was aber häufig fehlt, ist die Antwort auf die einfache Frage: Was hat das Unternehmen von diesen Fähigkeiten und an welchen Stellen will die Kandidatin diese einbringen?

Sie müssen nicht für jedes Bewerbungsschreiben das Rad neu erfinden. Es ist legitim, bestimmte inhaltliche Beschreibungen Ihrer Fähigkeiten wiederholt zu verwenden. In den meisten Fällen reichen zwei bis drei auf die konkrete Stellenanzeige abgestimmte Texte, um dem Anschreiben einen individuellen Touch zu verleihen, der die Verantwortlichen im Unternehmen anspricht:

1. Möglichst in den ersten beiden Sätzen sollten Sie die Frage beantworten, wie Sie auf das Unternehmen und die Stelle aufmerksam wurden, was Sie angesprochen hat und was Sie an der Stelle reizt. Vermeiden Sie langweilige Einstiege, wie: „Mit großem Interesse lese ich Ihre Stellenzeige...". Spannender sind Varianten, bei denen Sie sich auf ein konkretes Projekt des Unternehmens oder einen bestimmten Aspekt aus der Stellenanzeige beziehen. Idealerweise haben Sie das Unternehmen schon einmal im Rahmen einer Karrieremesse oder eines anderen Events kennengelernt. Oder Sie kennen eine Kommilitonin bzw. eine andere Person, die ihnen das Unternehmen aufgrund eigener Erfahrungen empfohlen hat.
2. Wenn Sie im weiteren Verlauf des Schreibens über Ihre fachlichen und sozialen Kompetenzen schreiben, erläutern Sie möglichst konkret, wie das Unternehmen davon profitieren kann.

Aus Ihrem Anschreiben sollte zu lesen sein, dass Sie sich inhaltlich mit der Stelle auseinandergesetzt haben und erste Vorstellungen davon haben, wie Ihre Rolle im Unternehmen aussehen kann.

Typischerweise ist ein Anschreiben wie folgt aufgebaut

- Anrede: Am besten ist es nach wie vor, Sie sprechen eine bestimmte Person im Unternehmen mit Namen an. Sollten Sie im Ausnahmefall keinen festen Ansprechpartner im Unternehmen herausfinden, verwenden Sie die Formel „Sehr geehrte Damen und Herren,"
- Einleitung: Wie wurden Sie auf die Stelle aufmerksam (siehe oben)?
- Motivation: Was motivierte Sie, sich auf diese Stelle in diesem Unternehmen zu bewerben?

- Fachliche Kompetenzen: Welche fachlichen Kenntnisse und beruflich relevante Erfahrungen bringen Sie mit? Wie und wo decken sich diese mit den Anforderungen des Unternehmens? Welchen Mehrwert hat das Unternehmen von Ihnen als Mitarbeiterin zu erwarten? WICHTIG: Konzentrieren Sie sich auf mit Blick auf die Stellenausschreibung Relevantes; erzählen Sie nicht Ihren Lebenslauf nach!
- Persönliche/soziale Kompetenzen: Welche persönlichen Eigenschaften unterstreichen Ihre Fachkenntnis und Erfahrung?
- Abrundung: z. B.: „Sie gewinnen mit mir eine … Mitarbeiterin.", oder: „Mit meinen Fähigkeiten werde ich Ihr Team mit Sicherheit gut ergänzen."
- Eintrittstermin und Gehaltswunsch: Nennen Sie immer Ihren frühestmöglichen Eintrittstermin. Schreiben Sie nicht ab sofort, sondern geben Sie ein Datum (4 Wochen +) zum Monatsanfang an. Die Frage nach dem Gehalt ist eine sog. „Gretchenfrage". Ich selbst würde das Wunschgehalt nur angeben, wenn explizit danach gefragt wird.
- Schluss-Formulierung: Freude auf Einladung zu einem persönlichen Vorstellungsgespräch.

Achten Sie darauf, dass Ihr Anschreiben oben rechts das aktuelle Datum und den Ort in folgender Form enthält: Ort, TT.MM.JJJJ.

Auch für den Fall, dass Sie Ihr Schreiben als Anhang mit einer E-Mail senden, muss es einen Briefkopf mit Ihren Adressdaten sowie darunter die vollständige in der Stellenanzeige angegebene Adresse des Unternehmens enthalten.

In der Betreffzeile geben Sie den Jobtitel exakt so wieder, wie er in der Stellenanzeige steht, ggf. auch das angegebene interne Kennzeichen für die Stelle.

Ein Anschreiben ist niemals länger als eine Seite.

Folgende Checkliste wird Ihnen bei der Erstellung helfen:

Tab. 6.4 Checkliste Anschreiben

☐	Das Layout ist stimmig zum Lebenslauf. Auch in das Anschreiben gehören die vollständigen Kontaktdaten: - Anschrift - Telefon- und Handynummer - Private Email-Adresse (mit Klarnamen, keine Spitznamen oder Ähnliches, bekannter Provider oder eigene Domain)
☐	Auch ins digitale Anschreiben gehört die Anschrift des Unternehmens. Stimmt diese mit der in der Anzeige überein? - Vollständiger Unternehmensname mit Rechtsform - Abteilung (wie in der Anzeige angegeben) - Ansprechpartner/in (heute ohne die Anrede „Herr / Frau", nur den Namen nennen)
☐	Ist das Datum aktuell und stimmt mit dem im Lebenslauf überein? - Form: Ort, TT.MM.JJJJ
☐	In der Betreffzeile - Kein „betrifft", „Betreff:" oder Ähnliches schreiben - Die Stellenbezeichnung exakt so benennen wie in der Anzeige - ggf. eine Referenznummer und/oder die Quelle der Anzeige angeben
☐	Verweis - Falls Sie vorab Kontakt mit dem Unternehmen hatten, beziehen Sie sich in der Einleitung auf diesen direkten Kontakt namentlich
☐	Anrede - Sprechen Sie den in der Adresse genannten Ansprechpartnerin an. - Ist der Name korrekt geschrieben?
☐	Anforderungen - Nehmen Sie in Ihrem Anschreiben Bezug auf die Anforderungen der Stelle?
☐	Erfahrungen - Nennen Sie Ihre für die Stelle relevante Berufserfahrung?

(Fortsetzung)

Tab. 6.4   (Fortsetzung)

☐	Ist Ihr Anschreiben frei von Problemschilderungen (z. B. mit dem letzten Arbeitgeber)?
☐	Nennen Sie Beispiele für Ihre erfolgreiche Arbeit?
☐	Ist Ihr Anschreiben auch für Fachfremde (Personalverantwortliche) verständlich? - Verwenden Sie keine Abkürzungen
☐	Nennen Sie Gehaltswunsch (falls gefordert) und Ihren Eintrittstermin?
☐	Deckt sich Ihr Schreiben gut mit dem Profil der Stelleanzeige?
☐	Ist Ihr Anschreiben unterschrieben? - Unter der Unterschrift wird der Name nicht noch einmal maschinell wiederholt!
☐	Haben Sie eine dritte Person das Anschreiben Korrektur lesen lassen? - Geben Sie der dritten Person auch die Stelleanzeige zum Cross Check

6.6   Der Weg vom Lebenslauf hin zum persönlichen Werdegang

Da das Leben eben nicht nur einfach so vor sich hinplätschert, sondern weil Sie es aktiv gestalten und so in Ihrer Persönlichkeit reifen, bevorzuge ich die Rede vom „Persönlichen Werdegang". Am besten behalten Sie diesen Gedanken bei der Erstellung stets im Hinterkopf: Sie bringen auf maximal zwei bis drei Seiten auf Papier, wie Sie Ihr Leben bislang gestaltet haben und derzeit gestalten.

6.6.1   Wie liest die Personalerin einen CV?

Weiter sollten Sie bei der Gestaltung stets auch den Adressaten Ihres CVs im Sinn haben. In der Regel sind das Ihre neue Führungskraft und Personalerinnen. Die Empfängerinnen Ihres Dokuments analysieren Ihren Werdegang nach zwei Vorgehensweisen:

1. Zeitanalyse: Sind Ihre Zeitangaben ohne größere Lücken und stimmig?
   Idealerweise machen Sie Ihre Angaben stets monatsgenau. Über Lücken von wenigen Monaten (bis zu ca. einem halben Jahr) Länge müssen Sie sich keine Gedanken

machen. Diese sind nach Abschluss eines Studiums, einer Ausbildung oder nach einem Jobwechsel normal.

2. Positionsanalyse: Gibt es einen nachvollziehbaren roten Faden in Ihrer beruflichen Entwicklung?
   Bei der Positionsanalyse versuchen Personalerinnen Ihre persönliche und berufliche Entwicklung nachzuvollziehen. Damit dies gut gelingt sollten Sie ggf. nur in Ihren bisherigen Unternehmen/Stationen geläufige, interne Stellenbezeichnungen stets erläutern. Am besten beschreiben Sie jede bisherige Stelle mit zwei bis drei Stichpunkten, die Ihr Aufgabenfeld beschreiben. Vermeiden Sie in jedem Fall Abkürzungen. Oft sind diese nur vermeintlich allgemein bekannt. Das gilt nicht nur für Ihre beruflichen Stationen, sondern auch für Ihre Ausbildungen, Ihr Studium, Ihre Spezialisierung. Inhaltlich sollten Ihre Beschreibungen mit den Angaben in Ihren Referenzen und Zeugnissen übereinstimmen.

6.6.2   Wie soll ein CV aussehen?

Beim Design des Werdegangs können Sie zwischen einem sehr innovativen und einem klassischen Design wählen. Egal, wie Sie sich auch entscheiden, am Ende soll das Dokument einen ersten Eindruck von Ihrer Persönlichkeit vermitteln und zugleich zur ausgeschriebenen Stelle passen. Im Zweifel entscheiden Sie sich lieber für ein klassisches Design, das zugleich Ihre Persönlichkeit zum Ausdruck bringt und in dem sich ein Betrachter schnell und gut einen Überblick verschaffen kann.

Einen Bogen sollten Sie um Vorlagen wie den Europass Lebenslauf machen oder jede andere Vorlage, die von Ihnen mehr als zwei bis maximal drei Seiten fordert. Ein CV hat ganz unabhängig von Ihrer Berufserfahrung und Ihren Ausbildungen niemals mehr als drei Seiten, inklusive Deckblatt bzw. zwei Seiten ohne Deckblatt.

6.6.3   Wie lang darf ein CV sein?

Ob Sie ein Deckblatt verwenden, ist Geschmackssache. Der Trend, den ich selbst begrüße, geht derzeit in die Richtung, auf das Deckblatt zu verzichten. Verwenden Sie eines, sollten darauf mehr Inhalte zu lesen sein, als das Wort „Bewerbung" und ein großes Foto von Ihnen. Nutzen Sie die gewonnene Seite, um die Leserin auf einen ersten Blick mit wesentlichen Informationen über sich zu versorgen, z. B. einige Stichpunkte dazu, was Sie suchen, was Sie der Arbeitgeberin bieten. Achten Sie dann aber darauf, dass Sie nicht das Anschreiben wiederholen.

6.6.4   Brauche ich ein Bewerbungsfoto?

War ein Foto bei Bewerbungen in Deutschland lange Zeit Pflicht, so steht es einem heute frei, ob man eines in den CV integriert. Ich persönlich finde es nach wie vor gut, wenn Bewerberinnen ein Foto beifügen, sehe es aber nicht als Knock-Out-Kriterium, wenn darauf verzichtet wird. Allerdings gilt auch hier das Prinzip: Ein Bild sagt mehr als tausend Worte. Lassen Sie Ihr Bild von einem Profi, z. B. in einem guten Fotostudio machen. Auf vielen Karrieremessen gibt es die Möglichkeit, dies kostenlos zu tun. Bitte verwenden Sie auf keinen Fall mit dem Smartphone erstellte Selfies oder ähnliches. Auch der Dresscode für Bilder ist in den letzten Jahren lockerer geworden. Die Krawatte ist für Herren in den meisten Fällen keine Pflicht mehr, wie zusammengebundene Haare für Frauen. Überlegen Sie, für welche Branche, für welches Unternehmen Sie sich bewerben und wie sich Menschen, die dort in der von Ihnen angestrebten Position arbeiten, wohl zur Arbeit anziehen. Manchmal gibt ein Bild auf der Stellenanzeige selbst einen Hinweis oder Sie schauen sich die Webseite des Unternehmens an.

Fügen Sie in den CV ein Bild mit hinreichender Auflösung und Größe ein. Man sollte keine Pixel sehen und das Bild selbst sollte in etwa 5 cm breit und 7 cm lang sein, in jedem Fall größer als eine Briefmarke. Auf einem Deckblatt kann das Bild deutlich größer sein.

6.6.5   Wie gliedere ich einen CV?

Bei der Gliederung müssen Sie zwei Prinzipien berücksichtigen:

1. Vom Wichtigen zum weniger Wichtigen. Unwichtiges raus (Die Überschrift „Sonstiges" hat in einem Lebenslauf nichts verloren).
2. Vom Aktuellen zum weniger Aktuellen. In der Regel beginnt Ihr CV mit dem höchsten Schulabschluss der zuletzt besuchten, weiterführenden Schule.

Thematisch schlage ich folgenden Aufbau vor:

- Beruflicher Werdegang
- Berufliche Fort- und Weiterbildung
- Akademischer Werdegang
- ggf. Berufsausbildung
- Schulischer Werdegang (nur letzter, höchster Abschluss)
- IT- und Sprachkenntnisse
- ggf. ehrenamtliches Engagement

Bei frisch gebackenen Absolventinnen oder bei der Bewerbung auf akademische Stellen kann es sinnvoll sein, den akademischen Werdegang vorzuziehen. Die Gliederung sollte sich an den Anforderungen der Stelle orientieren.

Auslandsaufenthalte werden immer wichtiger und sie sollten daher auf jeden Fall im CV erkennbar sein. Sie haben die Wahl, ob Sie diese Stationen in einem separaten Punkt herausstellen oder sie in den beruflichen Werdegang (z. B. Auslandspraktika) bzw. in den akademischen Werdegang (z. B. Auslandssemester) integrieren. Längere Urlaubsreisen oder nur kurze Schüleraustausche zählen nicht zu den relevanten Aufenthalten im Ausland und gehören nicht in den CV. Ein relevanter Aufenthalt dauert in der Regel mehrere Monate.

Ähnlich sieht es mit Praktika aus. Ein bis zweiwöchige Schnupperpraktika sind für den CV kaum relevant. Auch hier zählen nur mehrmonatige Erfahrungen.

Die Angabe von Hobbys ist Geschmackssache. Es gibt Personalerinnen, die sich über die angegebenen Hobbys Rückschlüsse auf die Persönlichkeit der Bewerberin erlauben und diese in ihren Gesamteindruck mit einbeziehen. Ich selbst rate von den Hobbys ab. Zu viele und vor allem zu risikoreiche können einen negativen Eindruck generieren.

6.6.6   Checkliste CV

Tab. 6.5 Checkliste CV

☐	Welchen ersten Eindruck hinterlässt Ihr CV? Lassen Sie eine dritte Person Feedback geben…
	
	    - …zur Übersichtlichkeit
	    - …zur Verständlichkeit
	    - …zur Anpassung an die Anforderungen der Stelle

☐	Sind Ihre Kontaktdaten vollständig?
	
	    - Der vollständige Vor- und Zuname
	    - Die Anschrift, unter der Sie postalisch erreichbar sind.
	    - Telefonnummer, am besten geben Sie Ihre Mobilfunknummer an, da Personalerinnen grundsätzlich keine Nachrichten auf einem Festnetz-Anrufbeantworter hinterlassen.
	    - Private Email-Adresse: Verwenden Sie eine Adresse mit Klarnamen, keine Kose- oder Spitznamen. Idealerweise legen Sie sich einen eigenen Account für Bewerbungen an. Verwenden Sie einen einigermaßen bekannten Email-Provider, damit Ihre Mails nicht versehentlich Spam-gefiltert werden.

☐	Haben Sie an alle persönlichen Daten gedacht?
	
	    - Geburtsdatum
	    - Geburtsort

(Fortsetzung)

Tab. 6.5   (Fortsetzung)

-   Nationalität, ggf. Aufenthaltsstatus und Arbeitserlaubnis Den Familienstand und Kinder können Sie, müssen Sie aber nicht angeben

☐ Ist die Gliederung Ihres CV stimmig und für jemanden, der Sie nicht kennt, nachvollziehbar?
  - Stehen mit Blick auf die Stelle die wichtigsten und aktuellsten Ereignisse oben?
  - Zeitanalyse: Gibt es zu füllende Lücken, die länger als ca. sechs Monate sind?
  - Positionsanalyse: Gibt es einen roten Faden, der durch Ihre Karriere führt? Kann man Ihre persönliche und berufliche Weiterentwicklung erkennen?

☐ Sind folgende Punkte enthalten?
  - Beruflicher Werdegang
  - Berufliche Fort- und Weiterbildung
  - Akademischer und schulischer Werdegang
  - ggf. Berufsausbildung
  - Schulischer Werdegang (nur letzter, höchster Abschluss)
  - IT- und Sprachkenntnisse
  - ggf. ehrenamtliches Engagement

☐ Sind alle Zeitangaben gleich formatiert?
  - z.B. MM/JJJJ oder MM/JJ
  - von MM/JJ – MM/JJ
  - Ist der Bindestrich zwischen den Angaben einheitlich lang?

☐ Haben Sie Abkürzungen vermieden?
☐ Verstehen auch unternehmens- / studienfremde Personen Ihre Tätigkeiten und Ausbildungen?   - Haben Sie Ihre Tätigkeiten, Ihr Studium und/oder Ihre Ausbildung in einigen Stichpunkten erläutert?

☐ Beruflicher Werdegang
  - Haben Sie alle Stellen angegeben?
  - Sind die Angaben zur Dauer der Beschäftigung monatsgenau?
  - Stimmen die Angaben mit denen in mitgesandten Zeugnissen überein?
  - Sind die Tätigkeiten immer einheitlich aufgebaut?
Beispiel für einen einheitlichen Aufbau:

(Fortsetzung)

Tab. 6.5   (Fortsetzung)

MM.JJJJ – MM.JJJJ Unternehmen inkl. Gesellschaftsform,
Unternehmensstandort
Stellenbezeichnung
- Stichpunkt 1 – Ihre Tätigkeit
- Stichpunkt 2 – Ihre Tätigkeit
- Stichpunkt 3 – Ihre Tätigkeit
- Ggf. herausragende Leistung in Ihrem Job

Wenn Sie viele Jahre für eine Arbeitgeberin in verschiedenen Positionen gearbeitet haben, können Sie wie folgt gliedern:

MM.JJJJ – MM.JJJJ Unternehmen inkl. Gesellschaftsform,
Unternehmensstandort
MM.JJJJ – MM.JJJJ **Stellenbezeichnung**
- Stichpunkt 1 – Ihre Tätigkeit
- Stichpunkt 2 – Ihre Tätigkeit
- Stichpunkt 3 – Ihre Tätigkeit
- Ggf. herausragende Leistung in Ihrem Job
MM.JJJJ – MM.JJJJ **Stellenbezeichnung**
- Stichpunkt 1 – Ihre Tätigkeit
- Stichpunkt 2 – Ihre Tätigkeit
- Stichpunkt 3 – Ihre Tätigkeit
- Ggf. herausragende Leistung in Ihrem Job
MM.JJJJ – MM.JJJJ **Stellenbezeichnung**
- Stichpunkt 1 – Ihre Tätigkeit
- Stichpunkt 2 – Ihre Tätigkeit
- Stichpunkt 3 – Ihre Tätigkeit
- Ggf. herausragende Leistung in Ihrem Job

☐   Akademischer und schulischer Werdegang

- Haben Sie alle Ausbildungsstationen ab dem höchsten weiterführenden Schulabschluss angegeben?
- Sind die Angaben zur Dauer monatsgenau?
- Stimmen die Angaben mit denen in mitgesandten Zeugnissen überein?
- Haben Sie ggf. Studien- und/oder Ausbildungsschwerpunkte angegeben?

MM.JJJJ – MM.JJJJ ausgeschriebener Name der Hochschule,
Hochschulort
Studiengang mit (ggf. angestrebtem) Abschluss

- Studienschwerpunkte

(Fortsetzung)

Tab. 6.5   (Fortsetzung)

• und/oder Nebenfächer MM.JJJJ – MM.JJJJ ggf. Auslandssemester, Hochschule, Land, Ort • fachlicher Schwerpunkt MM.JJJJ – MM.JJJJ Name der weiterführenden Schule, Ort **Bezeichnung des Schulabschlusses** - Geben Sie nur die Schule an, in der Sie die Hochschulreife erworben haben. - Berufsausbildungen und den damit verbundenen Berufsschulabschluss können Sie wie folgt angeben MM.JJJJ – MM.JJJJ Unternehmen inkl. Gesellschaftsform, Unternehmensstandort Ausbildung zur Ausbildungsberufsbezeichnung, z.B. IHK/HWK - Die Angabe von Abschlussnoten ist meist Geschmackssache, tendenziell verzichtet man darauf, da die Personalerin die Noten in den Anlagen zur Bewerbung sehen kann. - Ausnahme sind Branchen / Berufe wie z. B. beim juristischen Staatsexamen, bei dem die Noten noch eine entscheidende Rolle spielen.
☐ Auslandsaufenthalte - Haben Sie alle mehrmonatigen Auslandsaufenthalte entweder integriert oder in einem extra Punkt aufgeführt?
IT- und Sprachkenntnisse - Haben Sie alle relevanten IT- und Sprachkenntnisse mit nachvollziehbaren Angaben zum Umfang Ihrer Kenntnisse versehen? Deutsch   Muttersprache Englisch   verhandlungssicher C1+ Französisch   sehr gut B2 Schwedisch   gut B1 MS Office   sehr gute Anwenderkenntnisse (inkl. Visual Basic) Spezialsoftware Zertifikat in … Spezialsoftware erweiterte Anwenderkenntnisse Java Script   gute Programmierkenntnisse Python   Grundkenntnisse in der Programmierung
☐ Ehrenamtliches Engagement / außeruniversitäre Aktivitäten

(Fortsetzung)

Tab. 6.5 (Fortsetzung)

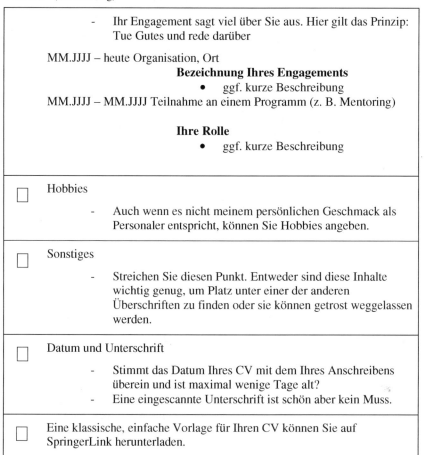

	- Ihr Engagement sagt viel über Sie aus. Hier gilt das Prinzip: Tue Gutes und rede darüber
	
	MM.JJJJ – heute Organisation, Ort
	Bezeichnung Ihres Engagements
	   • ggf. kurze Beschreibung
	MM.JJJJ – MM.JJJJ Teilnahme an einem Programm (z. B. Mentoring)
	
	Ihre Rolle
	   • ggf. kurze Beschreibung

☐	Hobbies - Auch wenn es nicht meinem persönlichen Geschmack als Personaler entspricht, können Sie Hobbies angeben.
☐	Sonstiges - Streichen Sie diesen Punkt. Entweder sind diese Inhalte wichtig genug, um Platz unter einer der anderen Überschriften zu finden oder sie können getrost weggelassen werden.

☐	Datum und Unterschrift
	
	   - Stimmt das Datum Ihres CV mit dem Ihres Anschreibens überein und ist maximal wenige Tage alt?
	   - Eine eingescannte Unterschrift ist schön aber kein Muss.

☐	Eine klassische, einfache Vorlage für Ihren CV können Sie auf SpringerLink herunterladen.

6.7 Zeugnisse und Zertifikate

Bei Zeugnissen sind schulische/akademische, Arbeits- und Zeugnisse der Fort- und Weiterbildung zu unterscheiden. Achten Sie bei der Auswahl und Zusammenstellung für Ihre Bewerbung darauf, dass der Gesamtumfang inkl. Anschreiben und CV nicht deutlich mehr als 20 Seiten umfasst.

6.7.1 Schulische und akademische Zeugnisse

Je weiter Sie im Studium voranschreiten und je mehr bewertete akademische Leistungen Sie sammeln, desto weniger wichtig werden Ihre Schulzeugnisse. Legen Sie stets nur das Abschlusszeugnis der höchsten weiterführenden Schule bei. Im Falle eines vorhandenen

Berufsabschlusses ist ein Zeugnis Ihres Ausbildungsbetriebes dem Berufsschulzeugnis vorzuziehen. Ihre Leistungen im Unternehmen sind dem Personaler wichtiger. Machen Sie sich bei den Schulzeugnissen nicht zu viele Gedanken um Noten. Eine wachsende Zahl von Personalerinnen orientiert sich an anderen Punkten Ihres Erwachsenenlebens als an ihren Schulnoten aus der Jugend.

Sobald Sie ein Bachelor-Zeugnis, ein Zwischenprüfungszeugnis oder einen gut gefüllten Notenspiegel haben, können Sie das Zeugnis der Hochschulreife weglassen. Es sei denn, es ist explizit in der Stellenausschreibung gefordert.

Nach dem Master reichen in den meisten Fällen das Bachelor- und das Masterabschlusszeugnis, ggf. ergänzt durch Zertifikate von Auslandssemestern.

Tab. 6.6 Checkliste Referenzen

☐	Promotionsurkunde und -zeugnis: obligatorisch, falls vorhanden
☐	Masterzeugnis: obligatorisch, falls vorhanden
☐	Bachelorzeugnis: obligatorisch, falls vorhanden
☐	Notenspiegel/Zwischenprüfungsleistungen: Je mehr Leistungsbewertungen darin enthalten sind, desto wichtiger wird es im Vergleich zur Hochschulreife
☐	Zeugnis der Hochschulreife: Je mehr akademische Leistungen Sie bereits erbracht haben, desto unwichtiger wird das Zeugnis. Spätestens nach dem Bachelor kann es in den meisten Fällen weggelassen werden
☐	Berufsschulzeugnis: Wichtiger als Ihr Berufsschulzeugnis wäre ein Arbeits-/Ausbildungszeugnis Ihres Ausbildungsbetriebs

6.7.2   Arbeitszeugnisse

Arbeitszeugnisse sind eine mitteleuropäische Spezialität und eine zunehmend komplexere Wissenschaft. Die Notengebung ist stark verklausuliert und oft nur schwer nachzuvollziehen. In vielen Fällen sagen Arbeitszeugnisse mehr über die Verfasserin als die bewertete Arbeitnehmerin aus. Diese kleine Checkliste aus Sicht der Personalerin soll Ihnen dennoch Orientierung geben, wie Sie ein Arbeitszeugnis lesen und bewerten.

Als Personaler achte ich bei Arbeitszeugnissen besonders auf folgende Punkte:

- Ist es in sich stimmig und realistisch oder hat man das Gefühl, es wird jemand „weggelobt"?
- Gibt es herausragende Leistungen, die erwähnt werden („… besonders hervorzuheben ist …")?
- Stimmt das Zeugnisdatum mit dem Datum des Endes des Arbeitsverhältnisses überein?
- Gibt es eine Dankes- und Bedauerns- und Zukunftsformel im Zeugnisabschluss („… zu unserem Bedauern verlässt uns … wir bedanken uns für die stets gute Zusammenarbeit … und wünschen ihr für die berufliche und private Zukunft alles Gute …")?

Jede Arbeitnehmerin, jede Praktikantin hat einen rechtlichen Anspruch auf ein Arbeitszeugnis, unabhängig davon, wie lange das Beschäftigungsverhältnis dauerte. Der Arbeitgeberin ist dazu verpflichtet, Ihnen ein wahrheitsgemäßes und wohlwollendes Zeugnis auszustellen, dass Sie in Ihrem beruflichen Fortkommen nicht behindert. Ab und an stehen die Begriffe wohlwollend und wahrheitsgemäß im Widerspruch. Denn ein wahrheitsgemäß mittelmäßiges oder gar schlechtes Zeugnis wirkt nicht wohlwollend und kann Ihr berufliches Weiterkommen durchaus behindern. Aus diesem Widerspruch hat sich bereits erwähnte, verklausulierte Zeugnissprache entwickelt, in der selbst die Note vier bis fünf noch gut klingt. Zudem werden vor den Arbeitsgerichten viele Prozesse um Zeugnisnoten und -formulierungen ausgefochten. Tendenziell entscheiden die Gerichte zugunsten der Arbeitnehmerin, nach der Faustregel: Im Streitfall muss die Arbeitnehmerin gute bis sehr gute Leistungen nachweisen können. Umgekehrt muss die Arbeitgeberin konkret darlegen können, warum eine Mitarbeiterin nur eine mittelmäßige oder schlechte Bewertung erhält. Die meisten Arbeitgeberinnen wollen Zeugnisstreitereien vermeiden und stellen daher in den meisten Fällen gute bis sehr gute Zeugnisse aus. Die Aussagekraft von Arbeitszeugnissen schwindet damit. In meiner Arbeit als Personaler ist für mich daher stets der Gesamteindruck des Zeugnisses entscheidend. Eine authentische Note zwei, die besondere Leistungen einer Mitarbeiterin herausstellt, ist dabei oft besser als ein Einser-Zeugnis ohne besondere Höhepunkte. Besonders wichtig ist die oben genannte Schlussformel. Denn sie ist eines der wenigen Elemente, die man als Arbeitnehmerin vor Gericht nicht erstreiten kann.

Wenn Sie für eine aktuelle Stelle noch kein Zeugnis/Zwischenzeugnis haben oder dieses nicht beantragen wollen und Ihr letztes anderes Zeugnis weiter zurückliegt, schreiben Sie ins Anschreiben, dass Sie ggf. ein Zwischenzeugnis beantragen und nachreichen.

Tab. 6.7 Checkliste Arbeitszeugnisse

☐ Trägt das Zeugnis die Überschrift „Arbeitszeugnis", „Praktikumszeugnis" oder „Zwischenzeugnis"?

☐ Einleitung
 	
    - Sind im ersten Satz Angaben zu Ihrer Person enthalten: vollständiger Name, Geburtsdatum?
    - Ist Ihre Tätigkeitsbezeichnung exakt angegeben?
    - Ist die Beschäftigungsdauer korrekt angegeben → stimmen diese mit Ihren Angaben im CV überein?

☐ Positionen   - Falls Sie in einem Unternehmen mehrere Stationen hatten, verschiedene Positionen bekleidet haben, sind diese richtig und vollständig aufgeführt?

☐ Tätigkeitsbeschreibungen
    - Wird verständlich und genau beschrieben, was Sie im Unternehmen an Aufgaben übernommen haben?
    - Relevant sind die Tätigkeiten, die Sie tatsächlich übernommen haben, ggf. auch über Ihren ursprünglichen Arbeitsvertrag hinaus.

☐ Leistungsbeurteilung
    - Werden Ihre fachlichen Kompetenzen positiv beurteilt? Das Wort „stets" ist ein Hinweis für eine sehr gute Leistung.
    - Werden Ihre persönlichen Kompetenzen gewürdigt? Achten Sie darauf, dass darunter keine Selbstverständlichkeiten wie Pünktlichkeit sind.
    - Wird Ihr Fachwissen und Ihre Fähigkeit zu dessen Anwendung beurteilt?
    - Wird ggf. Ihre unternehmensinterne Fort- und Weiterbildung berücksichtigt?

☐ Zusammenfassende Bewertung
    - Gibt es eine zusammenfassende Bewertung Ihrer Leistungen?
    - „stets zu unserer vollsten Zufriedenheit" = sehr gut
    - „stets zu unserer vollen Zufriedenheit" = gut bis sehr gut
    - „zu unserer vollen Zufriedenheit" = gut

(Fortsetzung)

Tab. 6.7 (Fortsetzung)

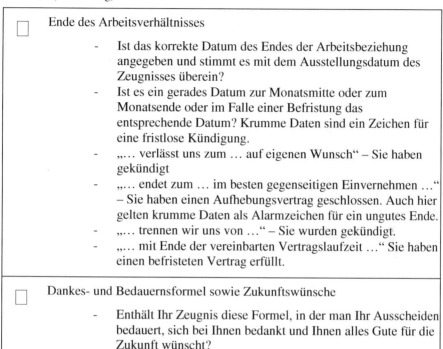

	Ende des Arbeitsverhältnisses
	- Ist das korrekte Datum des Endes der Arbeitsbeziehung angegeben und stimmt es mit dem Ausstellungsdatum des Zeugnisses überein?
	- Ist es ein gerades Datum zur Monatsmitte oder zum Monatsende oder im Falle einer Befristung das entsprechende Datum? Krumme Daten sind ein Zeichen für eine fristlose Kündigung.
	- „… verlässt uns zum … auf eigenen Wunsch" – Sie haben gekündigt
	- „… endet zum … im besten gegenseitigen Einvernehmen …" – Sie haben einen Aufhebungsvertrag geschlossen. Auch hier gelten krumme Daten als Alarmzeichen für ein ungutes Ende.
	- „… trennen wir uns von …" – Sie wurden gekündigt.
	- „… mit Ende der vereinbarten Vertragslaufzeit …" Sie haben einen befristeten Vertrag erfüllt.
	Dankes- und Bedauernsformel sowie Zukunftswünsche
	- Enthält Ihr Zeugnis diese Formel, in der man Ihr Ausscheiden bedauert, sich bei Ihnen bedankt und Ihnen alles Gute für die Zukunft wünscht?

6.7.3 Persönliche Referenzen

Vor allem im internationalen Kontext sind persönliche Referenzen oder sog. „Letter of Recommendation" weiterverbreitet. Für sie gelten weit weniger formale Bestimmungen wie für Arbeitszeugnisse. Die Bewertung fällt mangels Standardisierung schwerer. Auf der anderen Seite aber sind sie persönlicher Ausdruck der Wertschätzung für eine ehemalige Mitarbeiterin und man darf die positiven Worte darin in den meisten Fällen wörtlich nehmen.

Eine persönliche Referenz erhalten Sie nicht nur von Unternehmen, sondern auch direkt von ehemaligen Führungskräften, Mentorinnen oder Personen, mit denen Sie beruflich über einen längeren Zeitraum gearbeitet haben.

Anders als beim Arbeitszeugnis ist niemand dazu verpflichtet, Ihnen eine persönliche Referenz auszusprechen. Von daher ist diese ungleich wertvoller als ein standardisiertes Arbeitszeugnis.

Ein paar Dinge sollten Sie bei einer persönlichen Referenz aber dennoch beachten:

Tab. 6.8 Checkliste persönliche Referenz

☐	Ist die Person, die die Referenz gibt, in entsprechender „wichtiger" Position
☐	Ist das Schreiben fehlerfrei?
☐	Steht die Person für Nachfragen zur Verfügung und hat Kontaktdaten hierfür angegeben?

6.7.4 Zeugnisse zur Fort- und Weiterbildung

Treffen Sie hier eine gute Auswahl von Zeugnissen und Zertifikaten, die gut zur Stelle passen, auf die Sie sich bewerben. Achten Sie darauf, dass Ihre digitale Bewerbungsmappe nicht mehr als ca. 20 Seiten umfasst.

Tab. 6.9 Checkliste Zeugnisse Fort- und Weiterbildung

☐	Sind die Zeugnisse (insbesondere im IT-Bereich) noch aktuell?
☐	Passen die ausgewählten Zeugnisse zur Stelle, auf die Sie sich bewerben?

☐	Geben die Zeugnisse eine relevante / renommierte Leistung wieder?
	    - Renommierte Bildungsinstitution
	    - Hinreichender Umfang der Fort- und/oder Weiterbildung

6.8   Zusammenstellung und Versenden der Unterlagen

Bei der Zusammenstellung der Bewerbungsmappe sollten Sie daran denken, dass die Personalerin täglich Dutzende Bewerbungen auf unterschiedliche Stellen zu sichten hat. Sie sollten also einen guten ersten Eindruck damit machen, dass Sie ihr das Leben nicht unnötig schwer machen.

Am wichtigsten ist es, die Stellenanzeige genau durchzulesen, welche Dokumente in welcher Form gewünscht werden.

Tab. 6.10 Zusammenfassung Bewerbungsunterlagen

☐	Haben Sie Ihre Unterlagen in einem PDF Dokument zusammengefasst? - Anschreiben - CV - Referenzen Senden Sie die Dokumente ausschließlich als PDF. Nur so ist gewährleistet, dass Ihre Bewerbung auch auf dem Rechner des Unternehmens genauso aussieht wie auf Ihrem. - Senden Sie keine zip-Datei! - Senden Sie alles als eine Datei! Alternativ können Sie Ihr Anschreiben auch in die Email schreiben. In diesem Fall brauchen Sie es nicht noch einmal in die PDF Datei integrieren.
☐	Haben Sie sich bei der Dateigröße an die Vorgaben aus der Stellenanzeige gehalten? - in der Regel zwischen 2 und 5 Mbyte
☐	Haben Sie alle Dokumente in die Bewerbung integriert, die gefordert werden?
☐	Versenden Sie Ihre Bewerbung über den Email-Account, den Sie auch in Ihren Unterlagen angeben.
☐	Bleiben Sie in Ihrer Email förmlich. - Sehr geehrte*r Frau/Herr - Mit freundlichen Grüßen

6.9 Bewerbungsliste

Es empfiehlt sich in jedem Fall eine Liste mit den Bewerbungen zu führen, die Sie versandt haben. So behalten Sie den Überblick, finden ggf. schnell die richtige Ansprechpartnerin und können schnell reagieren, wenn Sie Antwort auf eine Bewerbung erhalten.

Tab. 6.11 Liste Ihrer Bewerbungen

Datum:	Unternehmen:	Stellenbezeichnung:	Stelle ausgeschrieben bis:	Zwischenbescheid erhalten am:	Status:
					☐ Zwischenbescheid ☐ Absage ☐ Zusage ☐ Interview am:

6.10   Bewerbungsgespräche

Obwohl kein Bewerbungsgespräch dem Anderen gleicht, gibt es folgenden proto-typischen Verlauf. Um sich gut auf ein Bewerbungsgespräch vorzubereiten, üben Sie es gemeinsam mit einer Freundin als Rollenspiel. Wichtig ist, dass Sie die Situation eines Bewerbungsgesprächs nicht nur theoretisch durchsprechen, sondern live in die ent-sprechenden Rollen der Bewerberin und der Interviewerin schlüpfen. Wechseln Sie auch die Rollen und versetzen Sie sich so in die Situation des Unternehmens.

1. Begrüßung der Bewerberin: Üben Sie hier wichtige und nicht zu unterschätzende Basics, wie die richtige Begrüßung, den richtigen Händedruck und den positiven Smalltalk zu Beginn, über die gute Anreise, das Wetter oder ähnliches.
2. Die Bewerberin erzählt über ihre persönliche Situation, über seine schulische, aka-demische und berufliche Entwicklung: Hier punkten Sie, wenn Sie sich gut in Ihrem eigenen Leben(slauf) gut auskennen. Üben Sie hier, wie Sie in fünf Minuten einen gut strukturierten, positiven und authentischen Einblick in Ihr bisheriges Leben geben.
3. Die Interviewerin gibt Informationen über das Unternehmen: In dieser Phase des Interviews gibt die Personalerin/die potenzielle Vorgesetzte Informationen über das Unternehmen und die Position. Üben Sie hier aktives Zuhören, ggf. mitschreiben und bei weiterführendem Interesse an bestimmten Punkten Nachfragen.
4. Vertragsverhandlungen: Bei den Verhandlungen geht es nicht nur um die Gretchen-frage des Gehalts, sondern auch um den zeitlichen und organisatorischen Einstieg ins Unternehmen. Beim Gehalt empfiehlt es sich, im Vorfeld zu recherchieren, wie viel man in der entsprechenden Branche zum Berufseinstieg verdient.

5. Abschluss des Gespräches: Der abschließende Eindruck, den Sie hinterlassen ist fast so wichtig, wie die Phasen zuvor. Hier runden Sie Ihr Erscheinungsbild ab. Fragen Sie ruhig, bis wann Sie mit einer Antwort rechnen können und verabschieden Sie sich mit einem selbstbewussten Augenkontakt und Händedruck, auch wenn Sie glauben, es sei nicht optimal gelaufen.

Bleiben Sie bei sog. Stressfragen ruhig, überlegen Sie und geben dann eine sachliche Antwort. Sie gewinnen Zeit, indem Sie offen sagen, mit dieser Frage hätten Sie jetzt nicht gerechnet und bitten um Zeit zum Überlegen.

In den letzten Jahren entwickeln sich Bewerbungsgespräche erfreulicherweise und immer mehr weg von Verhören hin zu einem authentischen Dialog mit dem Ziel, sich gegenseitig kennenzulernen und sowohl vonseiten der Arbeitgeberin als auch vonseiten der Bewerberin her festzustellen, ob man zusammenpasst oder nicht.

Tab. 6.12 Fragen, die nichts in einem Bewerbungsgespräch zu suchen haben

☐	Familienplanung inkl. Schwangerschaft. Werden Sie danach gefragt, können Sie hier ggf. beliebige Angaben machen
☐	Fragen nach Politik und Religion, es sei denn Sie bewerben sich bei einer politischen oder religiösen Institution
☐	Vorstrafen und finanzielle Verhältnisse, es sei denn eine Vorstrafe oder nicht geordnete finanzielle Verhältnisse schließen eine Einstellung zwingend aus (z. B., wenn Sie in einer Bank mit Geldbeständen arbeiten)

Machen Sie sich als Bewerberin bewusst, dass sich auch das Unternehmen bei Ihnen als Arbeitgeberin bewirbt. Hören Sie während und nach dem Gespräch auf Ihr Bauchgefühl. War es ein positives oder ein negatives Gefühl. Können Sie sich vorstellen, die nächsten Jahre fünfmal die Woche in diesem Unternehmen ein- und auszugehen und mit den Menschen, die Sie beim Gespräch kennengelernt haben, zusammenzuarbeiten?

Tab. 6.13 Checkliste Vorbereitung auf ein Bewerbungsgespräch

☐	Prägen Sie sich die Namen und Positionen Ihrer Ansprechpartnerinnen beim Gespräch ein
☐	Planen Sie Ihren Weg zum Ort des Bewerbungsgesprächs mit einem ordentlichen zeitlichen Puffer (Stau, Ausfall ÖPNV, etc.). Idealerweise machen Sie eine Probefahrt zur genannten Adresse
☐	Für den Smalltalk: Informieren Sie sich über das Unternehmen und einige seiner Rahmendaten. Sehen Sie sich auf der Webseite aktuelle Projekte an und/oder suchen Sie online nach aktuellen (positiven) Nachrichten über das Unternehmen
☐	Machen Sie sich Gedanken darüber und fassen diese in Worte, welche Stärken und Qualifikationen Sie für die Stelle mitbringen und was Sie ggf. noch lernen wollen
☐	Fassen Sie in Worte, wie Sie sich Ihre Arbeit im Unternehmen vorstellen und leiten Sie daraus ggf. auch Fragen ans Unternehmen ab
☐	Formulieren Sie in ein bis zwei Sätzen, warum Sie sich für das Unternehmen und diese Stelle interessieren…
☐	…und welchen Mehrwert Sie dem Unternehmen bringen wollen
☐	Seien Sie sich bewusst, dass alle Angaben – mit Ausnahme der unzulässigen – wahrheitsgemäß sein müssen
☐	Spielen Sie das Bewerbungsgespräch mit einer Freundin als Rollenspiel durch und lassen Sie sich im Anschluss Feedback geben

6.11   Assessment Center

Ergänzend zu oder statt eines Jobinterviews veranstalten einige Unternehmen sog. Assessment Center, in denen Sie sich meist mit anderen Teilnehmerinnen im Rahmen verschiedener Übungen, Fragerunden, Einzel- und Teamaufgaben und/oder Fallstudien unter Beweis stellen sollen. Das Unternehmen verspricht sich davon einen authentischen Eindruck, wie Sie an Probleme im Team und in der Einzelarbeit herangehen. Dabei geht es selten darum, die perfekte Lösung zu finden, sondern darum, wie Sie sich um eine Lösung bemühen, welche Wege Sie einschlagen. Gehen Sie entspannt in ein Assessment Center und vertrauen Sie auf Ihren gesunden Menschenverstand. Es gibt zahlreiche mehr oder minder teure Ratgeber oder Webseiten zum Thema.

Meines Erachtens genügt es, sich grob mit dem Ablauf vertraut zu machen und darauf zu vertrauen, dass Sie erfolgreich ein Studium absolvieren oder absolviert haben und Sie damit das Zeug haben, eine Fallstudie zu lösen. Alternativ bieten einige Hochschulen in Kooperation mit Unternehmen Events und Workshops an, bei denen Sie an echten Fallstudien arbeiten und Erfahrungen sammeln können.

Und erscheint Ihnen die Konstruktion eines solchen Assessments als allzu absurd, denken Sie daran: nicht nur Sie bewerben sich beim Unternehmen, sondern es bewirbt sich auch das Unternehmen bei Ihnen. Sie müssen nicht alles mitmachen. Die folgenden zwei Tabellen geben Ihnen einige Hinweise zum Umgang mit Assessment Centern.

Tab. 6.14 Typische Bestandteile eines Assessment Centers

Einzelvorstellung	Stellen Sie sich in einer kurzen Präsentation vor
Einzelaufgabe	Sie bekommen eine kleine Fallstudie, für die Sie eine Lösung erarbeiten und präsentieren sollen
Gruppenaufgabe oder -diskussion	Sie sollen in einem Team entweder über einen Sachverhalt diskutieren oder gemeinsam für ein Problem eine Lösung finden. Die Beobachter beobachten, wie Sie sich im Team verhalten und welche Rolle (Führung, Umsetzung, Koordination, Vermittlung, Empathie) Sie einnehmen
Postkorbübung	Sie sollen eine Reihe von Ereignissen nach Dringlichkeit und Wichtigkeit sortieren und erklären, in welcher Reihenfolge Sie was selbst erledigen oder an andere delegieren (Suchen Sie im Internet nach den Stichworten Eisenhower-Modell und Postkorbübung)
Rollenspiele	Sie sollen eine bestimmte Situation (z. B. Konfliktgespräch mit einer Kollegin) durchspielen
Fallstudie	Sie sollen eine größere Fallstudie in einer bestimmten Zeit lösen und die Lösung präsentieren

Tab. 6.15 Wie Sie an einen Business Case/eine Fallstudie herangehen

1.	Überblick verschaffen:
	Verschaffen Sie sich einen ersten Überblick. Achten Sie dabei insbesondere auf Abbildungen, Tabellen, Überschriften und hervorgehobene Informationen
2.	Probleme nach Dringlichkeit und Wichtigkeit sortieren:
	Lesen Sie vorhandene Texte und Angaben ein zweites Mal durch. Machen Sie sich Notizen/Anmerkungen. Anschließend versuchen Sie, die Kern-/Hauptprobleme zu identifizieren
3.	Visualisierung der Zusammenhänge:
	Stellen Sie die relevanten kausalen Zusammenhänge in einer Grafik dar
4.	Einflussfaktoren:
	Überlegen Sie, welche unternehmensinternen und/oder externen Faktoren das Geschehen/den Fall beeinflussen
5.	Ressourcen- und Aufwandsanalyse:
	Welche Ressourcen benötigen Sie, um den Fall zu lösen? Dazu zählen Personal-, Sach- und sonstige organisationale Ressourcen. Im Anschluss machen Sie sich Gedanken zu den damit verbundenen Kosten
6.	Lösungs- und Ergebnis-Szenarien:
	Stellen Sie Ihre Lösung in Szenarien dar. Berücksichtigen Sie dabei einen Best, einen Worst und den Most Probable Case
7.	Umsetzung / Plan / konkrete Ziele:
	Erarbeiten Sie einen Plan zur Umsetzung Ihrer Lösung. Definieren Sie konkrete, messbare, realistische und zeitlich definierte Ziele
8.	Lösungsfokussierte Präsentation:
	Präsentieren Sie die Lösung Ihres Falls in Präsentation mit max. 5 Folien

6.12   Gehalt

Die Frage nach dem Gehalt wird nicht umsonst als Gretchenfrage bezeichnet. Es ist unmöglich, hier die eine richtige Antwort zu geben. Unterm Strich sollten Sie von Ihrem Gehalt die Miete, Ihr Essen und Ihre Freizeitansprüche bestreiten können. Werden Sie nach Ihren Gehaltsvorstellungen gefragt, so sollten Sie bei Ihren Überlegungen folgende Faktoren berücksichtigen:

- Ihre Qualifikation (Bachelor/Master/Promotion)
- ggf. Ihre Berufserfahrung
- die Branche
- die Größe des Unternehmens
- den Ort (Stadt, Land, Ballungsraum)
- das Angebot an Arbeitskräften in diesem Bereich

Meiner persönlichen Einschätzung nach bewegen sich faire Einstiegsgehälter für Hochschulabsolventinnen im Bereich zwischen 36.000 EUR und 60.000 EUR, Abweichungen nach oben und unten sind natürlich möglich. Die meisten Studierenden und Unternehmen, mit denen ich spreche bieten ein Einstiegsgehalt im Bereich von 40.000 EUR bis 50.000 EUR an.

Verlässliche Angaben zu den Gehältern in einer Branche finden Sie u. a. auf den Seiten der Arbeitsagentur (BERUFENET), im Gehälter ABC der Süddeutschen Zeitung, in der Gehaltsstudie der Unternehmensberatung Kienbaum sowie auf den Seiten von den für Ihre Zielbranche zuständigen Gewerkschaften.

6.13   Die ersten hundert Tage im neuen Job

In diesem Kapitel erhalten Sie die wichtigsten Tipps, um die ersten Tage im neuen Job gut zu überleben. In der Regel gestaltet sich der Einstieg aber angenehm und Sie müssen sich keine Sorgen machen. Gut organisierte Unternehmen gestalten einen Welcome Day für Sie und/oder es gibt Begrüßungsveranstaltungen für alle neuen Mitarbeiterinnen im Unternehmen. Zudem werden Sie mit aller Wahrscheinlichkeit einen Einarbeitungsplan erhalten und eine Mentorin oder Patin, die Ihnen bei allen in den ersten Tagen und Wochen aufkommenden Fragen zur Seite steht. Denken Sie immer daran, dass das Unternehmen Sie aufgrund Ihrer überzeugenden persönlichen, sozialen, methodischen und fachlichen Kompetenzen eingestellt hat. Die wollten und wollen Sie! Das Unternehmen hat ein Interesse daran, dass Sie sich wohlfühlen, gut ankommen und ebenso gut eingearbeitet werden. Zudem gibt es in den ersten hundert Tagen etwas, dass man „Welpenschutz" nennt. D. h. niemand erwartet, dass Sie perfekt durchstarten, Sie dürfen Fehler machen und aus diesen lernen.

Tab. 6.16 Checkliste für die ersten hundert Tage im neuen Job

☐	Nutzen Sie die ersten Tage und Wochen dazu, Ihren Kolleginnen und Ihrer Führungskraft alle Fragen zu stellen, die Ihnen in den Sinn kommen
☐	Achten Sie insbesondere dann auf gutes Nachfragen im Sinne der Auftragsklärung, wenn Sie neue Aufgaben übertragen bekommen
☐	Machen Sie sich Notizen zu Ihren Fragen und Ihrer Einarbeitung
☐	Falls Sie keinen Einarbeitungsplan bekommen, fragen Sie danach oder erarbeiten Sie einen mit Ihrer Mentorin/Ihrer Patin
☐	Falls Sie keine Patin oder Mentorin haben, fragen Sie nach einer entsprechenden Person bei Ihrer Führungskraft
☐	Schließen Sie sich nach Möglichkeit den Gruppen zum Mittagessen an. Oder gehen Sie gemeinsam mit Kolleginnen in die Kaffeepause
☐	Fordern Sie aktiv Feedback von Ihrer Führungskraft und Ihren Kolleginnen ein
☐	Sie sind motiviert, zeigen Sie das, indem Sie auch aktiv fragen, ob und wie Sie in Ihrem Arbeitsbereich unterstützen können
☐	Trauen Sie sich nach einer guten Einführung in eine Aufgabe zu, diese beim nächsten Mal selbstständig auszuführen
☐	Bringen Sie eigenen Ideen in angemessener Weise und Maß ein. Gerade in der ersten Zeit ist es wichtig, gut zuzuhören und zuzuschauen. Wenn Sie aber eine überzeugende Idee haben, zögern Sie nicht, diese zu äußern
☐	Raum für Ihre eigenen Ideen zur Einarbeitung:
☐	Raum für Ihre eigenen Ideen zur Einarbeitung:
☐	Raum für Ihre eigenen Ideen zur Einarbeitung:

6.14   Probleme in der Arbeit: Mobbing und Bossing

Leider läuft nicht immer alles rund im Unternehmen und es gibt Kolleginnen und/oder Führungskräfte, mit denen man nicht gut zurecht kommt. In den meisten Fällen bewegt sich dies aber in einem erträglichen Rahmen. Es kann aber auch vorkommen, dass die Grenzen des Erträglichen überschritten werden. Im Rahmen dieses Buches sollen Ihnen folgende Checklisten dabei helfen, Mobbing oder Bossing zu erkennen und Ihnen aufzeigen, wo Sie erste und weiterführende Hilfe bekommen. Während man unter Mobbing das unlautere und schädigende Verhalten unter Kolleginnen versteht, bezeichnet man als Bossing entsprechendes Verhalten Vorgesetzter gegenüber Ihren Mitarbeiterinnen.

Tab. 6.17 Woran Sie Mobbing erkennen können

☐	Sie fühlen sich nachhaltig belastet. Können nach der Arbeit nicht abschalten, grübeln über Situationen aus der Arbeit und schlafen deshalb schlecht oder nicht
☐	Eine oder mehrere Kolleginnen kritisieren Sie permanent und unverhältnismäßig. Sie fühlen sich häufig ungerecht behandelt
☐	Sie werden aktiv ausgeschlossen. Zum Beispiel werden Sie in Mail-Verteiler nicht integriert oder man schließt bewusst Sie von sozialen Aktivitäten in und rund um die Arbeit aus
☐	Über Sie werden Gerüchte verbreitet oder man lästert über Sie
☐	Ihre Arbeit wird sabotiert
☐	Ihnen werden Informationen vorenthalten, die Sie zur Erledigung Ihrer Arbeit benötigen
☐	Man teilt Ihnen im Team wiederholt und übermäßig Aufgaben zu, die deutlich unter Ihrem Niveau liegen
☐	Die oben genannten Dinge geschehen wiederholt über einen Zeitraum von mehreren Wochen oder länger
☐	Welche weiteren Indizien sehen Sie:
☐	Welche weiteren Indizien sehen Sie:

Tab. 6.18 Woran Sie Bossing erkennen können

☐	Sie fühlen sich nachhaltig belastet. Können nach der Arbeit nicht abschalten, grübeln über Situationen aus der Arbeit und schlafen deshalb schlecht oder nicht
☐	Sie erhalten dauerhaft oder immer wieder Aufgaben unter Ihrem Qualifikationsniveau
☐	Ihre Chefin kritisiert Sie aus nichtigem Anlass vor anderen Kolleginnen
☐	Sie werden unverhältnismäßig, z.B. als faul, dumm oder unfähig kritisiert
☐	Ihnen werden sinnfreie Anweisungen und/oder Aufgaben gegeben
☐	Ihre Chefin nutzt die Führungsposition aus
☐	Die oben genannten Dinge geschehen wiederholt über einen Zeitraum von mehreren Wochen oder länger
☐	Welche weiteren Indizien sehen Sie:
☐	Welche weiteren Indizien sehen Sie:

Wenn Sie einen oder mehrere der oben genannten Faktoren erkennen, sollten Sie folgendes tun, um aus der Rolle des Opfers auszubrechen:

Tab. 6.19 Wege aus der Mobbing/Bossing Falle

☐	Tauschen Sie sich mit Freundinnen oder Familienangehörigen Ihres Vertrauens über diese Vorkommnisse aus. Wie beurteilen diese die Situation?
☐	Stellen Sie Transparenz her. Konfrontieren Sie die betroffenen Akteure mit deren Verhalten und sprechen diese sachlich darauf an, warum Sie sich so verhalten
☐	Machen Sie sich Notizen zu allen Vorkommnissen. Wann ist was passiert? Wer war beteiligt? Wie haben Sie reagiert?
☐	Im Falle des Mobbings – hat die direkte Ansprache nicht gefruchtet - suchen Sie das Gespräch mit Ihrer Führungskraft. Im Falle des Bossing wenden Sie sich an die Führungskraft Ihrer Chefin
☐	Hat auch dies nichts geändert, wenden Sie sich an Ihren Personal- oder Betriebsrat. Gibt es in Ihrem Unternehmen keinen, holen Sie sich Rat bei der Gewerkschaft
☐	Bringt dies alles nichts, wenden Sie sich an eine Fachanwältin für Arbeitsrecht und kündigen Sie in letzter Konsequenz. Das ist kein Scheitern oder Aufgeben, sondern Sie schützen so Ihre geistige und körperliche Gesundheit!

Bitte beachten Sie: dieses Kapitel gibt Ihnen nur erste Hinweise und erste Hilfe im Mobbing oder Bossing Fall. Suchen Sie im Zweifel auf jeden Fall professionelle Hilfe. Sprechen Sie mit Ihrem Betriebs- bzw. Personalrat und nehmen Sie sich ggf. einen Fachanwältin für Arbeitsrecht. Mobbing oder Bossing sind ernste Themen, die Ihre geistige und körperliche Gesundheit gefährden. Es ist ein Zeichen der Stärke und nicht der Schwäche, wenn Sie sich hier von außen professionelle Hilfe holen.

Weiterführende Literatur

Brenner D (2016) Karrierestart nach dem Studium: die ersten 100 Tage im neuen Job. Haufe, Freiburg

Erpenbeck J, von Rosenstiel L (Hrsg) (2007) Handbuch Kompetenzmessung. Erkennen, verstehen und bewerten von Kompetenzen in der betrieblichen, pädagogischen und psychologischen Praxis. Schäffer-Poeschel, Stuttgart

Kauffeld S, Spurk D (Hrsg) (2018) Handbuch Karriere und Laufbahnmanagement. Springer, Berlin

Pflaum S (2016) Mentoring beim Übergang vom Studium in den Beruf: Eine empirische Studie zu Erfolgsfaktoren und wahrgenommenem Nutzen. Springer, Berlin

Pflaum S, Wüst L (2018) Der Mentoring Kompass für Unternehmen und Mentoren: Persönliche Erfahrungsberichte, Erfolgsprinzipien aus Forschung und Praxis. Springer, Berlin

Reichhart T (2019) Das Prinzip Selbstfürsorge. Wie wir Verantwortung übernehmen und gelassen und frei leben. Kösel, München

Wehrle M (2011) Karriereberatung. Menschen wirksam im Beruf unterstützen. Beltz, Weinheim

Karriereplan: vom Trainee und Junior zum Senior

7

Inhaltsverzeichnis

In diesem Kapitel geht es um die Zeit nach dem Studium in Ihren ersten Jobs. Mit Sicherheit wird dies nicht der letzte und ausführlichste Karriereratgeber sein, den Sie in den Händen halten. Dennoch sollen Ihnen die folgenden Seiten ein wenig Orientierung bei den nächsten Schritten bieten.

7.1   Direkteinstieg oder Traineeprogramm

Scrollt man die Jobangebote durch, so fallen einem neben konkreten Einstiegspositionen häufig auch sog. Traineestellen ins Auge. Anders als beim Direkteinstieg auf eine Position, z. B. im Personalbereich, im Controlling, in der IT oder im Marketing, bieten Ihnen Traineeprogramme die Möglichkeit, einen breiten und vielschichtigen Einblick in ein Unternehmen oder in eine Branche zu bekommen.

Traineeprogramme dauern meist ca. zwei Jahre, in deren Verlauf Sie in den verschiedenen Abteilungen eines Unternehmens arbeiten. Von Praktika unterscheiden sich diese Programme vor allem dadurch, dass Sie Vollzeit arbeiten und auch ein volles Gehalt beziehen. Das Jahresgehalt ist vergleichbar mit dem einer direkten Einstiegsposition und liegt in den meisten Fällen zwischen 35.000 EUR und 60.000 EUR. Je nach Branche,

© Springer Fachmedien Wiesbaden GmbH, ein Teil von Springer Nature 2020   137
S. Pflaum, *Der Karriere-Kompass für Studierende,*
https://doi.org/10.1007/978-3-658-28847-1_7

Standort und Unternehmensgröße sind Abweichungen nach oben oder unten möglich. Auch inhaltlich sind Sie in den meisten Fällen als vollwertige Mitarbeiterin in den zugedachten Abteilungen eingesetzt. In der Regel ist Ihre Stelle dann auf die Dauer des Traineeprogramms, befristet z. B. auf zwei Jahre. Allerdings stehen die Chancen einer Übernahme nach Ende des Programms sehr gut. Denn welchen Vorteil hätte ein Unternehmen davon, Sie über zwei Jahre mit seinen Arbeitsbereichen und seiner Kultur, vertraut zu machen, Sie in zahlreichen Fortbildungen fit für Ihren Job zu machen, ohne das Ziel, Sie langfristig zu binden? Die folgenden Kriterien zeichnen ein gutes Traineeprogramm aus. Sie sollten diese in Bewerbungsgesprächen mit dem potenziellen Arbeitgeber klären.

Tab. 7.1 Kriterien für ein gutes Traineeprogramm

☐ Das Unternehmen ist hinreichend groß, um Ihnen Einblicke in verschiedene Bereiche gewähren zu können.
☐ Es gibt einen festen, für Sie nachvollziehbaren Plan, wie viel Zeit Sie in welchen Bereichen des Unternehmens verbringen.
☐ Sie haben Einfluss darauf, in welchem Bereich Sie nach Abschluss arbeiten wollen.
☐ Das Unternehmen übernimmt in der Regel die Trainees nach Abschluss des Programms.
☐ Sie beziehen ein für Akademikerinnen angemessenes Gehalt.
☐ Das Traineeprogramm dauert in etwa zwei Jahre.
☐ Das Programm wird von Fortbildungsmaßnahmen flankiert.
☐ Sie haben eine feste Ansprechpartnerin/Patin für die Zeit des Programms, unabhängig von den Abteilungen, in denen Sie sind.
☐ Sie haben Gelegenheit und entsprechende Foren, um sich mit anderen Mentees im Unternehmen auszutauschen.
☐ Trainees haben in der Unternehmenskultur den Stellenwert voller Mitarbeiterinnen und es werden ihnen entsprechende anspruchsvolle Aufgaben und Verantwortungen übertragen.
☐ Es gibt die Möglichkeit eines Auslandsaufenthaltes im Konzern.

Grob kann man sagen, dass sich Traineeprogramme für Absolventinnen eignen, die noch nicht genau wissen, in welchem Bereich eines bestimmten Unternehmens oder Branche sie landen wollen.

Der Direkteinstieg ist insbesondere dann interessant, wenn Sie schon wissen, welcher Unternehmensbereich Sie interessiert. Einstiegspositionen erkennen Sie häufig am

Zusatz „Junior" vor der eigentlichen Stelle. Oder in den Stellenanzeigen ist angegeben, dass sich eine Position auch für Berufsanfängerinnen oder Absolventinnen eignet. Ganz egal, ob Sie sich für ein Traineeprogramm oder den Direkteinstieg entscheiden. Ihre Karrierechancen sind auf beiden Wegen vergleichbar gut. Vielmehr sollten Sie bei Ihrer Entscheidung darauf achten, was für Sie selbst am sinnvollsten erscheint.

Tab. 7.2 Gegenüberstellung Traineeprogramm und Direkteinstieg

	Traineeprogramm	Direkteinstieg
Vorteile	Gute Einarbeitung Guter Überblick über die verschiedenen Funktionsbereiche eines Unternehmens – Erfahrungen in die Breite Aufbau eines breiten Netzwerks mit anderen Mentees, die später in anderen Bereichen arbeiten Ausreichend Zeit, um die eigene Nische im Unternehmen zu finden Trotz Befristung gute Übernahmechancen	Direkter Einstieg in einen Spezialbereich Schnellere Spezialisierung in einem Fachbereich – Erfahrungen in die Tiefe Gute Vernetzung in einem bestimmten Unternehmensbereich Möglicherweise ein etwas besseres Gehalt als im Traineeprogramm Ggf. schnellerer Aufstieg in einem bestimmten Bereich Häufiger unbefristete Einstellungen
(mögliche) Nachteile	Möglicherweise ein etwas geringeres Gehalt als beim Direkteinstieg Ggf. verzögerter erster Aufstieg Meist befristeter Job	Frühe Festlegung auf einen bestimmten Unternehmensbereich Sprung ins kalte Wasser Eingeschränkte Suche nach „Junior"-Stellen
Eigene Überlegungen		

7.2 Start-up, Mittelstand oder Großkonzern?

Wo machen Sie am besten Ihre Praktika, Nebenjobs und wo haben Sie den besten Direkteinstieg? Auch bei dieser Frage sollten Sie weniger darauf achten, was sich Jahre später in Ihrem CV am besten macht, sondern worauf Sie in Ihrer jetzigen Situation Lust haben und in welcher Umgebung Sie am meisten Freude an der Arbeit haben. Die folgende Tabelle soll Ihnen bei der Entscheidung eine Hilfestellung sein.

Tab. 7.3 Entscheidungshilfe Startup – Mittelstand – Großkonzern

Passt die Arbeit in einem Start-Up zu mir?	
Ein junges Team ist mir wichtig.	– ①②③④⑤+
Flache Hierarchien sind mir besonders wichtig. Ich will sehr nah am Management / an den Gründerinnen arbeiten.	– ①②③④⑤+
Feste Prozesse und Standards sind mir nicht wichtig.	– ①②③④⑤+
Ich lege Wert auf flexible Arbeitszeiten, jenseits von 9 to 5.	– ①②③④⑤+
Ich kann gut mit Fehlern umgehen.	– ①②③④⑤+
Ein sicherer Arbeitsplatz ist mir weniger wichtig.	– ①②③④⑤+
Ich kann gut improvisieren.	– ①②③④⑤+
Ich kann mit Chaos gut umgehen.	– ①②③④⑤+
Ich kann sehr gut und schnell mit Veränderungen umgehen.	– ①②③④⑤+
Ich kann mir gut vorstellen, einmal selbst zu gründen.	– ①②③④⑤+
Eigene Überlegung:	– ①②③④⑤+
Eigene Überlegung:	– ①②③④⑤+
Summe der Punkte × von 60 Punkten	_____

(Fortsetzung)

Tab. 7.3 (Fortsetzung)

Passt die Arbeit in mittelständischen Unternehmen zu mir?	
Ich will in einem Unternehmen mit flachen Hierarchien arbeiten.	– ①②③④⑤+
Ein sicherer Arbeitsplatz ist mir wichtig.	– ①②③④⑤+
Ich will einen möglichst breiten Einblick in ein Unternehmen haben, mit vielen verschiedenen Abteilungen zu tun haben.	– ①②③④⑤+
Eine persönliche, familiäre Arbeitsatmosphäre ist mir sehr wichtig.	– ①②③④⑤+
Ich will mich längerfristig an das Unternehmen binden.	– ①②③④⑤+
Unternehmerisches Denken ist mir nicht fremd.	– ①②③④⑤+
Ich fühle mich meiner Region/der Region des Unternehmens verbunden.	– ①②③④⑤+
Ich muss nicht unbedingt in einer großen Stadt arbeiten.	– ①②③④⑤+
Im Zweifel ist mir der Inhalt der Arbeitsstelle wichtiger als schnelle Gehaltssprünge.	– ①②③④⑤+
Mir ist das Gefühl wichtig zu sehen, dass meine Arbeit zum Gesamterfolg des Unternehmens beiträgt.	– ①②③④⑤+
Eigene Überlegung:	– ①②③④⑤+
Eigene Überlegung:	– ①②③④⑤+
Summe der Punkte × von 60 Punkten	———————

(Fortsetzung)

Tab. 7.3   (Fortsetzung)

Passt die Arbeit in einem Großkonzern zu mir?	
Ich habe kein Problem mit großen Hierarchien.	– ① ② ③ ④ ⑤ +
Ich arbeite gern entlang definierter Prozesse.	– ① ② ③ ④ ⑤ +
Ich will in einem Unternehmen arbeiten, dass sehr viele unterschiedliche Bereiche hat.	– ① ② ③ ④ ⑤ +
Ich kann mit einer gewissen Anonymität im Unternehmen umgehen.	– ① ② ③ ④ ⑤ +
Ein sicherer Arbeitsplatz ist mir besonders wichtig.	– ① ② ③ ④ ⑤ +
Ich will in einem Unternehmen arbeiten, wo es möglichst viele Möglichkeiten für eine Spezialisten-/ Führungskarriere gibt.	– ① ② ③ ④ ⑤ +
Ich bin überregional/international flexibel.	– ① ② ③ ④ ⑤ +
Der Name und die Bekanntheit des Unternehmens sind mir wichtig.	– ① ② ③ ④ ⑤ +
Ein höheres, tarifgebundenes Gehalt ist mir wichtig.	– ① ② ③ ④ ⑤ +
Mir gefällt das Gefühl, kleiner Teil eines größeren Ganzen zu sein.	– ① ② ③ ④ ⑤ +
Eigene Überlegung:	– ① ② ③ ④ ⑤ +
Eigene Überlegung:	– ① ② ③ ④ ⑤ +
Summe der Punkte × von 60 Punkten	————

7.3 Führungs- oder Spezialisten-Karriere?

Als Akademikerin werden Sie mit Sicherheit eine verantwortungsvolle Position in einem Unternehmen anstreben, z. B. als Referentin, Spezialistin, Expertin, Beraterin oder eben als Führungskraft. Es ist noch nicht so lange her, da wurde es quasi als Automatismus angesehen, dass man als Akademikerin früher oder später eine Aufgabe als Führungskraft übernimmt und so im Idealfall Schritt für Schritt weiter in der Unternehmenshierarchie aufsteigt. Dem lag unter anderem der Irrglaube zugrunde, dass die fachlich beste Frau im Team auch die am besten geeignete Teamleiterin sei. Weiter waren Führungspositionen meist deutlich besser bezahlt als fachlich orientierte Positionen. Der einzige wirkliche Weg nach oben schien nur über eine Führungsposition zu führen. Das führte unter anderem dazu, dass unverzichtbare Spezialistinnen auf Führungspositionen wechselten und ihr Wissen und ihre Erfahrung dem Fachbereich dann fehlten. Denn als Führungskraft gilt es, den Überblick zu wahren, zu steuern, zu koordinieren und zu delegieren. Es fehlt die Zeit, sich in der Tiefe mit fachlichen Themen auseinanderzusetzen. Verliert sich eine Führungskraft in den fachlichen Details, so wird sie kaum ihren Führungsaufgaben gerecht werden können.

Es ist daher sehr zu begrüßen, dass sich in den letzten zehn bis zwanzig Jahren das Konzept der Spezialisten-Karriere als gleichwertige Alternative zur Führungs-Karriere etabliert hat. Immer mehr Spezialisten (Senior-...) ziehen mit Führungskräften in Gehalt und Bedeutung gleich und sind z. B. als Berater auch in den höchsten Stellen einer Unternehmenshierarchie zu finden. Ob Sie eine Fach- oder Führungskarriere anstreben, müssen Sie natürlich nicht in Ihren ersten Berufsjahren entscheiden. Ein Bild davon, was Ihnen mehr oder weniger liegt, werden Sie sich erst machen können, wenn Sie Einiges an Führung erlebt haben und/oder erste Führungsverantwortung in Ihnen übertragenen Projekten übernommen haben. Daher dient folgende Übersicht nur als erste Orientierung dafür, welche Erwartungen und Kompetenzen mit einer Spezialisten- oder Führungskarriere verbunden sein können. Die Darstellung erhebt keinen Anspruch auf Vollständigkeit, sondern dient Ihnen als Denkanstoß bei Ihren eigenen ersten Überlegungen zum Thema. Am dicken Tabellenrahmen erkennen Sie (schematisch) die unterschiedliche Schwerpunktsetzung zwischen dem Profil einer Spezialistin und dem einer Führungskraft.

Tab. 7.4 Gegenüberstellung Spezialistin und Führungskraft

	Spezialistin	Führungskraft
Personale Kompetenz	Sie sollten motiviert sein, sich in einem oder mehreren Fachbereichen intensiv einzuarbeiten und sich stetig fortzubilden. Idealerweise verbinden Sie das Wort „leidenschaftlich" mit Ihrem Thema.	„Zur Führungskraft geboren", klingt natürlich etwas pathetisch. Meiner persönlichen Meinung und Erfahrung nach aber, ist das Grundpotenzial zur Führungskraft tief in der Persönlichkeit verankert und lässt sich nur bedingt erlernen. Als Führungskraft müssen Sie gerne und viel mit anderen, mitunter auch komplizierten Menschen zusammenarbeiten können.
Sozialkompetenz	Dass Sie gut im Team arbeiten können, ist für nahezu jeden Job selbstverständlich. Als Spezialistin sind Sie die erste und beste Ansprechpartnerin im Team für ein bestimmtes Thema. Auch als Spezialist sollten Sie daher in der Lage sein, z. B. die fachliche Führung eines Teams in Projekten übernehmen zu können.	Ein Team zu führen ist etwas grundlegend anderes, als in einem Team zu arbeiten. Meiner Einschätzung nach zeichnen sich gute Führungskräfte dadurch aus, dass sie in der Lage sind, klare Entscheidungen zu treffen, dabei mitunter konsequent, zugleich aber empathisch vorgehen. Weitere wichtige Eigenschaften sind z. B. Konfliktfähigkeit, diplomatisches Geschick und ein Verhandlungstalent.

(Fortsetzung)

Tab. 7.4 (Fortsetzung)

Methodenkompetenz	Sie verfügen nicht nur über ein tiefes Spezialwissen, sondern Sie sind auch Expertin darin, dieses Wissen in der Unternehmenspraxis anzuwenden Als Spezialistin arbeiten Sie überwiegend an fachlichen Themen und mit Dingen. Das Thema steht im Mittelpunkt In den meisten akademischen Berufen ist es wichtig, dass Sie in den Themen Projektarbeit und Projektmanagement methodisch fit sind.	Ihr Führungstalent können Sie mit Führungsmethoden verfeinern. Zum guten Führen gehört es aber auch, loslassen zu können. Das bedeutet, Sie delegieren Aufgaben an Ihre Mitarbeiterinnen und geben diesen Spielraum bei der Umsetzung und auch für neue Ideen Als Führungskraft arbeiten Sie überwiegend mit den Menschen. Sie vor dem Hintergrund eines Themas zu koordinieren und zu führen, ist Ihr Arbeitsschwerpunkt.
Fachkompetenz	Als Spezialistin hat man nie ausgelernt, sondern strebt an, in seinem Fachbereich immer mehr zum ausgewiesenen Experten zu werden Selbstverständlich sind Sie nicht Ihr ganzes Berufsleben an ein bestimmtes Thema gebunden. Als Spezialistin sind Sie auch gut darin, sich schnell in ein neues Thema einzuarbeiten.	Die Kunst des Führens bedeutet, fachlich den Überblick zu bewahren, ohne sich in den Details fachlicher Aufgaben zu verlieren. Für die detaillierte gute sind die Spezialistinnen Ihres Teams zuständig. Ihr fachliches Wissen sollte hinreichend gut sein, dass Sie tragfähige Entscheidungen treffen können.

7.4　Zwischen Homeoffice und Kicker: Ein Wort zur Work-Life-Balance

Was ist ein Unternehmen heute ohne Start-up-Mentalität und Kicker? Der Kicker ist das Sinnbild der Gegenwart für die zunehmende Verschmelzung von Arbeitszeit und Freizeit. Das muss nicht schlecht sein. Schließlich soll die Arbeit Spaß machen und man sollte sich insgesamt gut mit den meisten Kolleginnen verstehen. Immerhin verbringt man von Montag bis Freitag ein Drittel oder mehr des Tages mit ihnen.

Mit einigen Kolleginnen versteht man sich dann auch so gut, dass sie zu Freundinnen werden und man auch den einen oder anderen Abend mit ihnen, bei einem Glas Wein oder Bier verbringt. Die Grenzen zwischen Arbeit und Privatleben werden immer fließend sein. Dennoch sollten Sie ein paar Regeln mit achtsamem Blick auf das eigene Wohlbefinden im Auge behalten und für sich selbst eine mehr oder minder feste Grenze zwischen Arbeitszeit und Freizeit ziehen.

Die folgenden „Grundregeln" bieten eine erste Orientierung. Weitere Literatur-Tipps zum Thema finden Sie am Ende des Kapitels.

Tab. 7.5 Ein paar Grundregeln für eine gute Balance zwischen Arbeit und Leben

☐	Trennen Sie privates und berufliches Equipment voneinander: Smartphone und Notebook. Wenn Sie private und berufliche Nachrichten auf dem jeweils selben Gerät empfangen, werden Sie immer versucht sein, neben einer privaten Nachricht auch schnell noch eine berufliche zu bearbeiten. Insbesondere beim Smartphone hätten Sie immer und überall Ihre Chefin und Ihre Kolleginnen dabei, die sich jederzeit mit dem Brummen einer eingehenden Nachricht in Erinnerung bringen, abends wenn Sie mit Freundinnen aus sind oder wenn Sie mit Ihrem Partner im Urlaub sind.
☐	Wenn Sie Homeoffice machen, trennen Sie die Arbeits- und Privatsphäre auch zu Hause räumlich. Gehen Sie zum Arbeiten in Ihr Arbeitszimmer oder an Ihren gewohnten Arbeitsplatz zu Hause. Verlegen Sie das Home office nicht ins Wohnzimmer oder einen anderen Raum, der zu Ihrer Privatsphäre gehört.
☐	Legen Sie für sich Ihre Arbeitszeiten und -grenzen fest. Das muss nicht nine-to-five sein. Aber Sie sollten für sich passende Grenzen ziehen und sich ausreichend Zeit für Freizeit, Erholung und Schlaf einplanen. Wenn Sie sich keine entsprechenden Grenzen setzen, sind Sie eben keine besonders fleißige und gewissenhafte Mitarbeiterin, sondern nach einer bestimmten Zeit, vielleicht auch erst in ein paar Jahren, geht Ihnen womöglich die Energie aus und die Freude an der Arbeit verloren.
☐	Machen Sie sich den Unterschied zwischen guten Kolleginnen und Freundinnen bewusst. Selbstverständlich können Kolleginnen auch zu Freundinnen werden. Das sind aber nicht zwangsläufig alle Kolleginnen, mit denen Sie sich gut verstehen. Warum ist das wichtig? Sie sollten sich gut überlegen, wem Sie über Ihre Arbeitszeit hinaus Zeit und Aufmerksamkeit widmen. Welchen Personen gestehen Sie es gerne zu, Sie auch in Ihrer Freizeit zu kontaktieren und welchen nicht?
☐	Blocken Sie sich in Ihrem Kalender mehrere freie Zeiten als Termin. Idealerweise haben Sie hier mehrere, regelmäßige und mehrstündige Blöcke in der Woche. In diese Zeit legen Sie keine privaten oder beruflichen Termine, sondern gönnen sich Spontaneität.
☐	Ihre eigenen Ideen für eine gute Work-Life-Balance:
☐	Ihre eigenen Ideen für eine gute Work-Life-Balance:

In der folgenden Tabelle sollten Sie für sich selbst fünf einfach formulierte Regeln bestimmen, die eine gute Work-Life-Balance für Sie garantieren.

Tab. 7.6 Ihre 5 persönlichen Regeln für eine gute Work-Life-Balance

1.
2.
3.
4.
5.

Weiterführende Literatur

Erpenbeck J, von Rosenstiel L (Hrsg) (2007) Handbuch Kompetenzmessung. Erkennen, verstehen und bewerten von Kompetenzen in der betrieblichen, pädagogischen und psychologischen Praxis. Schäffer-Poeschel, Stuttgart

Hillebrecht Steffen (2017) Die zweite Karriere. Theoretische Basis und praktische Modelle für den beruflichen Neustart. Springer, Berlin

Kauffeld S, Spurk D (Hrsg) (2018) Handbuch Karriere und Laufbahnmanagement. Springer, Berlin

Pflaum S (2016) Mentoring beim Übergang vom Studium in den Beruf: Eine empirische Studie zu Erfolgsfaktoren und wahrgenommenem Nutzen. Springer, Berlin

Pflaum S, Wüst L (2018) Der Mentoring Kompass für Unternehmen und Mentoren: Persönliche Erfahrungsberichte, Erfolgsprinzipien aus Forschung und Praxis. Springer, Berlin

Reichhart Tatjana (2019) Das Prinzip Selbstfürsorge. Wie wir Verantwortung übernehmen und gelassen und frei leben. Kösel, München

Wehrle M (2011) Karriereberatung. Menschen wirksam im Beruf unterstützen. Beltz, Weinheim

Epilog: In the Long Run We Are All Dead!

8

Sie haben dieses Buch nun von Anfang bis Ende durchgearbeitet und/oder haben immer wieder die Stellen aufgeschlagen, die für bestimmte Fragestellungen hilfreich sind. Ich hoffe sehr, dass ich Sie dabei unterstützen konnte, Ihre Gedanken zu ordnen, die Für und Wider bestimmter Fragestellungen abzuwägen.

Bei aller Planung in die Jahre hinein, bewahren Sie sich stets ein Mindestmaß an Flexibilität und Offenheit für Neues und Anderes. Denn das Leben hält immer die eine oder andere Überraschung bereit. Ich selbst habe mich mit Mitte Dreißig dazu entschlossen, einen ganz anderen Weg einzuschlagen als die Jahre zuvor. Und auch zu Beginn meines Studiums der Soziologie hätte ich nicht gedacht, dass ich nach Abschluss des Studiums die ersten Berufsjahre als Planer und Controller in einer Bank verbringen würde, um dann über das Human Resources Management und die soziale Arbeit zurück an die Universität zu finden.

Planung ist wichtig. Aber je weiter Sie in die Zukunft planen, desto mehr sollten Sie mein Lieblingszitat des Wirtschaftsnobelpreisträgers John Maynard Keynes im Hinterkopf behalten: „In the long run we are all dead."

Wie eingangs erwähnt, ist das Buch aus meiner beratenden Arbeit mit Studierenden heraus entstanden. Ganz in diesem Sinne freue ich mich, wenn weitere Impulse aus Ihren Reihen in eine zweite Auflage einfließen: Was fanden Sie gut? Was haben Sie sich anders vorgestellt? Welche Fragen/Informationen haben Ihnen gefehlt?

Schreiben Sie mir: stephan.pflaum@lmu.de

© Springer Fachmedien Wiesbaden GmbH, ein Teil von Springer Nature 2020
S. Pflaum, *Der Karriere-Kompass für Studierende,*
https://doi.org/10.1007/978-3-658-28847-1_8

Anhang

Checklisten und Arbeitsblätter aus dem Buch

© Springer Fachmedien Wiesbaden GmbH, ein Teil von Springer Nature 2020
S. Pflaum, *Der Karriere-Kompass für Studierende,*
https://doi.org/10.1007/978-3-658-28847-1

Meine persönlichen Interessen

Interesse	Warum interessieren Sie sich dafür? Welche persönlichen Eigenschaften verbinden Sie mit diesem Interesse? Wo bzw. wie könnten diese Eigenschaften auch beruflich relevant sein?
Interesse	Warum interessieren Sie sich dafür? Welche persönlichen Eigenschaften verbinden Sie mit diesem Interesse? Wo bzw. wie könnten diese Eigenschaften auch beruflich relevant sein?
Interesse	Warum interessieren Sie sich dafür? Welche persönlichen Eigenschaften verbinden Sie mit diesem Interesse? Wo bzw. wie könnten diese Eigenschaften auch beruflich relevant sein?
Interesse	Warum interessieren Sie sich dafür? Welche persönlichen Eigenschaften verbinden Sie mit diesem Interesse? Wo bzw. wie könnten diese Eigenschaften auch beruflich relevant sein?

Mein persönliches Engagement

Bezeichnung Ihres Engagements:	
Kurzbeschreibung in 2–3 Sätzen:	Warum engagieren Sie sich hier?
	Was war/sind Ihre wichtigsten Erfahrungen?

Bezeichnung Ihres Engagements:	
Kurzbeschreibung in 2–3 Sätzen:	Warum engagieren Sie sich hier?
	Was war/sind Ihre wichtigsten Erfahrungen?

Bezeichnung Ihres Engagements:	
Kurzbeschreibung in 2–3 Sätzen:	Warum engagieren Sie sich hier?
	Was war/sind Ihre wichtigsten Erfahrungen?

Meine fachlichen Kompetenzen

Kompetenz	Ausprägung	Konkretisierung:
	-□□□□□+	
	-□□□□□+	
	-□□□□□+	
	-□□□□□+	
	-□□□□□+	
	-□□□□□+	
	-□□□□□+	
	-□□□□□+	

Das liegt Ihnen gar nicht

Kompetenz	Ausprägung	Konkretisierung:
	-□□□□□+	
	-□□□□□+	

Meine sozialen Kompetenzen

Kompetenz	Ausprägung	Konkretisierung:
	-□□□□□+	
	-□□□□□+	
	-□□□□□+	
	-□□□□□+	
	-□□□□□+	
	-□□□□□+	
	-□□□□□+	
	-□□□□□+	

Das liegt Ihnen gar nicht

Kompetenz	Ausprägung	Konkretisierung:
	-□□□□□+	
	-□□□□□+	

Meine methodischen Kompetenzen

Kompetenz	Ausprägung	Konkretisierung:
	-☐☐☐☐☐+	
	-☐☐☐☐☐+	
	-☐☐☐☐☐+	
	-☐☐☐☐☐+	
	-☐☐☐☐☐+	
	-☐☐☐☐☐+	
	-☐☐☐☐☐+	
	-☐☐☐☐☐+	

Ihre Entwicklungsfelder		
Kompetenz	Ausprägung	Konkretisierung:
	-☐☐☐☐☐+	
	-☐☐☐☐☐+	

Meine persönlichen Kompetenzen

Kompetenz	Ausprägung	Konkretisierung:
	-☐☐☐☐☐+	
	-☐☐☐☐☐+	
	-☐☐☐☐☐+	
	-☐☐☐☐☐+	
	-☐☐☐☐☐+	
	-☐☐☐☐☐+	
	-☐☐☐☐☐+	
	-☐☐☐☐☐+	

Ihre Entwicklungsfelder

Kompetenz	Ausprägung	Konkretisierung:
	-☐☐☐☐☐+	
	-☐☐☐☐☐+	

Zusammenfassung meiner Kompetenzen

Meine fachlichen Kompetenzen:	Meine sozialen Kompetenzen:
Meine methodischen Kompetenzen:	Meine personalen Kompetenzen:

Zusammenfassung meiner Entwicklungsfelder

Fachliche Kompetenzen:	Soziale Kompetenzen:
Methodische Kompetenzen:	Personale Kompetenzen:

Fremdbild

Name der/Beziehung zur Person:
Was für ein Mensch bin ich?
Was schätzt Du besonders an mir?
Woran sollte ich arbeiten?
Eigene Frage (ggf. zur befragten Person passend):

Mein Karriere-Leitbild

(1)	
(2)	
(3)	

Meine langfristigen Pläne

Spezifisch	Messbar	a/r	Terminiert
		☐	
		☐	
		☐	
		☐	
		☐	

Meine mittelfristigen Pläne

Spezifisch	Messbar	a/r	Terminiert
		☐	
		☐	
		☐	
		☐	
		☐	

Meine kurzfristigen Pläne

Spezifisch	Messbar	a/r	Terminiert
		☐	
		☐	
		☐	
		☐	
		☐	

Checkliste Wirtschaftswissenschaften

Kernkompetenzen	Selbsteinschätzung	Notizen
Wirtschaftliche Zusammenhänge in Unternehmen und Gesellschaft verstehen und analysieren	Kann ich… - ①②③④⑤ + Interessiert mich… - ①②③④⑤ +	
Mit mathematischen Formeln und Funktionen arbeiten	Kann ich… - ①②③④⑤ + Interessiert mich… - ①②③④⑤ +	
Statistik: Daten erheben, aufbereiten, analysieren, darstellen und interpretieren	Kann ich… - ①②③④⑤ + Interessiert mich… - ①②③④⑤ +	
Betriebliche Abläufe verstehen, analysieren und optimieren, von der Produktentwicklung bis zum Vertrieb	Kann ich… - ①②③④⑤ + Interessiert mich… - ①②③④⑤ +	
Sich mit Buchhaltung und Recht auseinandersetzen	Kann ich… - ①②③④⑤ + Interessiert mich… - ①②③④⑤ +	
Eigene Recherche:	Kann ich… - ①②③④⑤ + Interessiert mich… - ①②③④⑤ +	
Eigene Recherche:	Kann ich… - ①②③④⑤ + Interessiert mich… - ①②③④⑤ +	
Summe Punkte	Kann ich… _____ von 35 möglichen	
Summe Punkte	Interessiert mich… _____ von 35 möglichen	

Checkliste MINT

Kernkompetenzen	Selbsteinschätzung	Notizen
Mit Mathematik arbeiten	Kann ich... - ①②③④⑤ + Interessiert mich... - ①②③④⑤ +	
Informatik: Programmiersprache lernen	Kann ich... - ①②③④⑤ + Interessiert mich... - ①②③④⑤ +	
Komplexe technische Modelle verstehen und erarbeiten	Kann ich... - ①②③④⑤ + Interessiert mich... - ①②③④⑤ +	
Komplexe Daten analysieren	Kann ich... - ①②③④⑤ + Interessiert mich... - ①②③④⑤ +	
Durchhaltevermögen und Frustrationstoleranz	Kann ich... - ①②③④⑤ + Interessiert mich... - ①②③④⑤ +	
Eigener Input	Kann ich... - ①②③④⑤ + Interessiert mich... - ①②③④⑤ +	
Eigener Input	Kann ich... - ①②③④⑤ + Interessiert mich... - ①②③④⑤ +	
Summe Punkte	Kann ich... ———— von 35 möglichen	
Summe Punkte	Interessiert mich... ———— von 35 möglichen	

Checkliste Geisteswissenschaften

Kernkompetenzen	Selbsteinschätzung	Notizen
Sehr viel mit komplexen Texten arbeiten	Kann ich… - ①②③④⑤ + Interessiert mich… - ①②③④⑤ +	
Interkulturelle Kompetenz	Kann ich… - ①②③④⑤ + Interessiert mich… - ①②③④⑤ +	
Eigene längere Texte verfassen	Kann ich… - ①②③④⑤ + Interessiert mich… - ①②③④⑤ +	
Logisches Denken	Kann ich… - ①②③④⑤ + Interessiert mich… - ①②③④⑤ +	
Sehr gute Kenntnisse in gesellschaftlichen und sozialen Trends	Kann ich… - ①②③④⑤ + Interessiert mich… - ①②③④⑤ +	
Eigener Input	Kann ich… - ①②③④⑤ + Interessiert mich… - ①②③④⑤ +	
Eigener Input	Kann ich… - ①②③④⑤ + Interessiert mich… - ①②③④⑤ +	
Summe Punkte	Kann ich… ——— von 35 möglichen	
Summe Punkte	Interessiert mich… ——— von 35 möglichen	

Checkliste Sozialwissenschaften

Kernkompetenzen	Selbsteinschätzung	Notizen
Statistik und Datenanalyse	Kann ich… - ①②③④⑤ + Interessiert mich… - ①②③④⑤ +	
Lesen und verstehen komplexer Texte	Kann ich… - ①②③④⑤ + Interessiert mich… - ①②③④⑤ +	
Interesse an gesellschaftlichen und politischen Zusammenhängen	Kann ich… - ①②③④⑤ + Interessiert mich… - ①②③④⑤ +	
Texte schreiben	Kann ich… - ①②③④⑤ + Interessiert mich… - ①②③④⑤ +	
Sehr gute Allgemeinbildung	Kann ich… - ①②③④⑤ + Interessiert mich… - ①②③④⑤ +	
Eigener Input	Kann ich… - ①②③④⑤ + Interessiert mich… - ①②③④⑤ +	
Eigener Input	Kann ich… - ①②③④⑤ + Interessiert mich… - ①②③④⑤ +	
Summe Punkte	Kann ich… _____ von 35 möglichen	
Summe Punkte	Interessiert mich… _____ von 35 möglichen	

Checkliste Sprachwissenschaften

Kernkompetenzen	Selbsteinschätzung	Notizen
Offen für andere Kulturen und Werte	Kann ich… - ①②③④⑤ + Interessiert mich… - ①②③④⑤ +	
Gut im Sprachen lernen	Kann ich… - ①②③④⑤ + Interessiert mich… - ①②③④⑤ +	
Längere Zeit im Ausland studieren, leben und arbeiten	Kann ich… - ①②③④⑤ + Interessiert mich… - ①②③④⑤ +	
Lesen und interpretieren von Texten	Kann ich… - ①②③④⑤ + Interessiert mich… - ①②③④⑤ +	
Übersetzung von Texten	Kann ich… - ①②③④⑤ + Interessiert mich… - ①②③④⑤ +	
Eigener Input	Kann ich… - ①②③④⑤ + Interessiert mich… - ①②③④⑤ +	
Eigener Input	Kann ich… - ①②③④⑤ + Interessiert mich… - ①②③④⑤ +	
Summe Punkte	Kann ich… _____ von 35 möglichen	
Summe Punkte	Interessiert mich… _____ von 35 möglichen	

Checkliste Jura

Kernkompetenzen	Selbsteinschätzung	Notizen
Interpretation von zum Teil sehr komplexen Gesetzestexten	Kann ich… - ① ② ③ ④ ⑤ + Interessiert mich… - ① ② ③ ④ ⑤ +	
Verfassen von eigenen Texten in juristischer Sprache	Kann ich… - ① ② ③ ④ ⑤ + Interessiert mich… - ① ② ③ ④ ⑤ +	
Analytisches Denken	Kann ich… - ① ② ③ ④ ⑤ + Interessiert mich… - ① ② ③ ④ ⑤ +	
Viel Zeit für und Freude am Lernen	Kann ich… - ① ② ③ ④ ⑤ + Interessiert mich… - ① ② ③ ④ ⑤ +	
Besuch von weiterführenden, kostenpflichtigen Kursen über das Universitätsangebot hinaus	Kann ich… - ① ② ③ ④ ⑤ + Interessiert mich… - ① ② ③ ④ ⑤ +	
Eigener Input	Kann ich… - ① ② ③ ④ ⑤ + Interessiert mich… - ① ② ③ ④ ⑤ +	
Eigener Input	Kann ich… - ① ② ③ ④ ⑤ + Interessiert mich… - ① ② ③ ④ ⑤ +	
Summe Punkte	Kann ich… ———— von 35 möglichen	
Summe Punkte	Interessiert mich… ———— von 35 möglichen	

Checkliste Medizin

Kernkompetenzen	Selbsteinschätzung	Notizen
Täglicher Umgang mit psychischen und physischen Krankheiten	Kann ich… - ① ② ③ ④ ⑤ + Interessiert mich… - ① ② ③ ④ ⑤ +	
Anderen helfen	Kann ich… - ① ② ③ ④ ⑤ + Interessiert mich… - ① ② ③ ④ ⑤ +	
Viel Freude am und Zeit zum (auch auswendig) Lernen	Kann ich… - ① ② ③ ④ ⑤ + Interessiert mich… - ① ② ③ ④ ⑤ +	
Großes Verständnis für naturwissenschaftliche Fächer wie Biologie, Chemie und Physik	Kann ich… - ① ② ③ ④ ⑤ + Interessiert mich… - ① ② ③ ④ ⑤ +	
Abstraktes, analytisches Denkvermögen	Kann ich… - ① ② ③ ④ ⑤ + Interessiert mich… - ① ② ③ ④ ⑤ +	
Eigener Input	Kann ich… - ① ② ③ ④ ⑤ + Interessiert mich… - ① ② ③ ④ ⑤ +	
Eigener Input	Kann ich… - ① ② ③ ④ ⑤ + Interessiert mich… - ① ② ③ ④ ⑤ +	
Summe Punkte	Kann ich… _____ von 35 möglichen	
Summe Punkte	Interessiert mich… _____ von 35 möglichen	

Checkliste Soziale Arbeit, Psychologie, Pädagogik

Kernkompetenzen	Selbsteinschätzung	Notizen
Intensiv mit Menschen arbeiten, auch in problematischen Situationen	Kann ich… - ① ② ③ ④ ⑤ + Interessiert mich… - ① ② ③ ④ ⑤ +	
Interesse an gesellschaftlichen Zusammenhängen	Kann ich… - ① ② ③ ④ ⑤ + Interessiert mich… - ① ② ③ ④ ⑤ +	
Medizinische und psychologische Kenntnisse	Kann ich… - ① ② ③ ④ ⑤ + Interessiert mich… - ① ② ③ ④ ⑤ +	
Statistik und Datenanalyse	Kann ich… - ① ② ③ ④ ⑤ + Interessiert mich… - ① ② ③ ④ ⑤ +	
Analytische Fähigkeiten	Kann ich… - ① ② ③ ④ ⑤ + Interessiert mich… - ① ② ③ ④ ⑤ +	
Eigener Input	Kann ich… - ① ② ③ ④ ⑤ + Interessiert mich… - ① ② ③ ④ ⑤ +	
Eigener Input	Kann ich… - ① ② ③ ④ ⑤ + Interessiert mich… - ① ② ③ ④ ⑤ +	
Summe Punkte	Kann ich… _____ von 35 möglichen	
Summe Punkte	Interessiert mich… _____ von 35 möglichen	

Freie Checkliste_____

Kernkompetenzen	Selbsteinschätzung	Notizen
	Kann ich… - ① ② ③ ④ ⑤ + Interessiert mich… - ① ② ③ ④ ⑤ +	
	Kann ich… - ① ② ③ ④ ⑤ + Interessiert mich… - ① ② ③ ④ ⑤ +	
	Kann ich… - ① ② ③ ④ ⑤ + Interessiert mich… - ① ② ③ ④ ⑤ +	
	Kann ich… - ① ② ③ ④ ⑤ + Interessiert mich… - ① ② ③ ④ ⑤ +	
	Kann ich… - ① ② ③ ④ ⑤ + Interessiert mich… - ① ② ③ ④ ⑤ +	
	Kann ich… - ① ② ③ ④ ⑤ + Interessiert mich… - ① ② ③ ④ ⑤ +	
	Kann ich… - ① ② ③ ④ ⑤ + Interessiert mich… - ① ② ③ ④ ⑤ +	
Summe Punkte	Kann ich… _____ von 35 möglichen	
Summe Punkte	Interessiert mich… _____ von 35 möglichen	

Überlegungen zur Wahl des Hochschulstandortes

	Kriterium 1	Kriterium 2
Vorteile		
Nachteile		

Mein Budget

Monatliche Einnahmen (netto)	
Unterstützung durch Eltern	
BAFÖG	
Stipendien	
Nebenjob	
Sonstige Einnahmen:	
Sonstige Einnahmen:	
Sonstige Einnahmen:	
SUMME Einnahmen:	
Monatliche Ausgaben	
Miete	
Heizung	
Strom	
Wasser	
Telefon und Internet	
Krankenkasse	
Studienbeiträge und -gebühren	
Schreibwaren	
Literatur	
Weitere Lernmittel	
Lebensmittel	
Ausgehen/Freizeit	
Urlaub	
Sonstige Ausgaben:	
Sonstige Ausgaben:	
Sonstige Ausgaben:	
SUMME Ausgaben:	
Einnahmen – Ausgaben:	

Checkliste Kranken- und Sozialversicherung Nebenjob

☐	Ist es ein Pflichtpraktikum oder ein freiwilliges Praktikum?
☐	Wie lange dauert das Praktikum?
☐	Durchschnittliche Wochenarbeitszeit während des Semesters
☐	Durchschnittliche Wochenarbeitszeit in den Semesterferien
☐	Ist die Vergütung innerhalb der Grenzen kurzfristiger/geringfügiger Beschäftigung?
☐	Sind Sie familien- oder einzelversichert?
☐	Beziehen Sie neben dem Praktikum andere Sozialleistungen wie BAföG oder Wohngeld?

Meine Praktikumspläne

	Praktikum	Grober Zeitplan:
☐	Fachnah:	
☐	Fachfremd:	
☐	Auslandspraktikum:	

Checkliste Vorbereitung eines Praktikums

☐	Bewerbungsunterlagen aktuell
☐	ggf. Urlaubssemester beantragen
☐	Klärung offener Fragen mit der Krankenkasse
☐	Klärung offener Fragen mit anderen Behörden

Meine Suche nach einem Auslandspraktikum

☐	Welches Land reizt Sie besonders?
☐	In welcher Branche bzw. in welchem Berufsfeld möchten Sie ein Praktikum machen?
☐	Welche Unternehmen im Ausland interessieren Sie?

Checkliste Auslandspraktikum

☐	Praktikum im Wunschland suchen (6–8 Monate vor Praktikumsbeginn)
☐	Bewerbung
☐	Zusage
☐	Praktikumsvertrag (wichtig!)
☐	Visum/Arbeitserlaubnis
☐	Bei Interesse: Bewerbung für Stipendium (sobald Zusage/Praktikumsvertrag vorliegt)
☐	Gültiger Reisepass
☐	Kranken-, Haftpflicht-, Unfallversicherung
☐	Impfungen
☐	Unterkunft
☐	Untermieter für die Wohnung/das Zimmer zuhause
☐	Flug-, Bus- oder Bahnticket
☐	Internationalen Studierendenausweis beantragen
☐	Sprachkenntnisse auffrischen
☐	Interkulturelle Vorbereitung
☐	Information über das Zielland und den Zielort
☐	Melden beim Bürgerbüro im Ausland
☐	Lohnsteuerkarte beantragen (falls gewünscht)
☐	Bankkonto im Ausland eröffnen
☐	Handy: Vertrag oder Pre-Paid Card
☐	Fahrkarte für öffentliche Verkehrsmittel
☐	Praktikumszeugnis (wichtig!)
☐	Praktikumsbericht

Welche Kompetenzen verbinde ich mit meinem Nebenjob

Fachkompetenzen:	
Soziale Kompetenzen:	
Methodische Kompetenzen:	
Personale Kompetenzen:	

Zusammenfassung meiner beruflichen Ziele während des Studiums

Praktika im Inland:
Praktikum im Ausland:
Nebenjob/Werkstudententätigkeit:
Weitere berufliche Pläne:

Fragen vor einem Studiengangswechsel oder Abbruchs

1. Warum haben Sie sich ursprünglich für dieses Studium entschieden?
2. Welche Ihrer Vorstellungen über das Studium haben sich erfüllt?
3. Welche Vorstellungen über das Studium haben sich nicht erfüllt und warum nicht?
4. Was müsste sich ändern, damit sich Ihre Vorstellungen erfüllen?
5. Was könnten Sie ggf. realistischerweise tun, um Ihre Vorstellungen zu erfüllen?
6. Was könnten ggf. andere realistischerweise tun, um Ihre Vorstellungen zu erfüllen?
7. Welche konkreten Vorteile hat ein Wechsel/Abbruch für Sie (im Vergleich zur Fortsetzung des Studiums)
8. Welche konkreten Nachteile hat ein Wechsel/Abbruch für Sie (im Vergleich zur Fortsetzung des Studiums)?
9. Welche konkreten Nachteile hat die Fortsetzung des Studiums?
10. Welche konkreten Vorteile hat die Fortsetzung des Studiums?

Meine Pläne nach dem Studiegangswechel/nach dem Abbruch

Was werde ich in den nächsten 6 Monaten nach meiner Entscheidung für die Fortsetzung oder für den Wechsel/Abbruch des Studiums tun?	
(1)	
(2)	
(3)	

Orientierungsfragen in der Mitte des Studiums

Welche Seminare/Vorlesungen haben mir besonders gefallen und bieten sich inhaltlich als Schwerpunkt für das weitere Studium an?
Welche Möglichkeiten für einen Master habe ich bereits ins Auge gefasst und mit welchen Studienschwerpunkten kann ich in diese Richtung arbeiten?
Welche Praktika machen mit Blick auf einen künftigen Master oder einen Berufseinstieg nach dem Bachelor/Master Sinn? (siehe auch Abschn. 4.4)
Welche Zusatzqualifikationen habe ich mir angeeignet/sollte ich mir noch aneignen? (ausführlich in Abschn. 5.5)
Wie kann ich mich an meiner Hochschule engagieren? Z. B. in einer Fachschaft, als Peer-Mentorin, in Hochschulgremien…
Welche Ideen habe ich bereits für mein späteres Berufsleben? Welche Branchen und Berufe kommen (nicht) in Frage und warum (nicht)?

Checkliste Zusatzqualifikationen

	Zusatzkurs	geplant wann?
☐	Business English	
☐	English Conversation	
☐	Fachspezifischer Fremdsprachenkurs in:	
☐	Eine neue Fremdsprache lernen:	
☐	Grundlagen der Betriebswirtschaftslehre	
☐	Projektmanagement	
☐	Excel/Tabellenkalkulation	
☐	Programmieren mit Visual Basic	
☐	Programmiersprache lernen:	
☐	Office Software – Grundkenntnisse erweitern	
☐	Bewerbungstraining	
☐	Business Case Übungen / Fallstudien	
☐	Marketing/Vertrieb	
☐	10 Finger Schreiben	
☐	Personalmanagement	
☐	Arbeitsrecht	
☐	Personalentwicklung	
☐	Präsentationstechniken	
☐	Rhetorik	
☐	Konfliktmanagement	
☐	Selbstmanagement	
☐	Verhandeln (nach Harvard)	
☐	Stressresistenz und Resilienz	
☐	Grafikbearbeitung	
☐	Richtig Lernen	
☐	Wissenschaftliches Recherchieren, Schreiben, Publizieren	
☐	Interkulturelle Kompetenzen	
☐	Statistik/Data Science	
☐	Wirtschaftsinformatik	
☐	Eigene Ideen:	
☐	Eigene Ideen:	
☐	Eigene Ideen:	

Checkliste Auslandssemester

☐	Informieren Sie sich an Ihrer Hochschule/Ihrer Fakultät über Partnerhochschulen im Ausland. Welche Länder/Hochschulen kommen in Frage?
☐	Informieren Sie sich über Fördermöglichkeiten wie ERASMUS oder DAAD. Welche kommen in Frage?
☐	Beachten Sie bei Ihren Vorbereitungen die Bewerbungsfristen:
☐	In welchem Semester macht der Auslandsaufenthalt für Sie Sinn? (Viele Bachelor-Studierende machen diesen ab dem 4./5. Semester.
☐	Verfügen Sie über ausreichende ggf. nachzuweisende Sprachkenntnisse? (z. B. TOEFL, IELTS, DAAD)
☐	Informieren Sie sich über die Lehrveranstaltungen an Ihrer Wunschuniversität.
☐	Besprechen Sie die Möglichkeiten der Anerkennung der gewünschten Kurse mit Ihrem Studiengangskoordinator/Erasmus-Koordinatorin.
☐	Dokumentieren Sie (Transcript of Records) Ihre im Ausland erbrachten Studienleistungen.

Checkliste Studienabschluss

		Zeitplanung
☐	Was haben Sie in den kommenden Monaten mit Blick auf das Ende Ihres Studiums bereits vor?	
☐	Vereinbaren Sie ggf. einen Termin für ein Gespräch mit Ihrer Mentorin oder einer Beratungsstelle wie dem Career Service Ihrer Universität. Welche Fragen sind für Sie offen?/Wobei benötigen Sie Unterstützung?	
☐	Folgende 3–5 Branchen kommen für mich primär in Frage: 1. 2. 3. 4. 5.	

☐	Durchforsten Sie die Angebote der Jobbörse Ihrer Hochschule. Welche Ideen haben Sie dabei? Wo wollen/könnten Sie sich bewerben?
☐	Lassen Sie Ihre Bewerbungsunterlagen von einem Profi checken. Viele Career Service bieten dies kostenlos an	
☐	Meine erste Bewerbung geht an:	

Bis zu welchem Abschluss soll es gehen?

	Berufseinstieg nach dem Bachelor
- ① ② ③ ④ ⑤ +	Ich will endlich ins Berufsleben einsteigen und praktisch arbeiten.
- ① ② ③ ④ ⑤ +	Ich will ein volles Gehalt, mit dem ich mein Leben angemessen finanzieren kann.
- ① ② ③ ④ ⑤ +	Ich möchte mich nicht mehr weiter mit meinem Fachbereich oder einem verwandten Fachbereich wissenschaftlich auseinandersetzen.
- ① ② ③ ④ ⑤ +	Ich habe keine Lust mehr auf Seminare, Klausuren und Seminararbeiten.
- ① ② ③ ④ ⑤ +	Ich habe eine oder mehrere konkrete Ideen, wo ich beruflich mit meinem Bachelor-Abschluss einsteigen kann.
- ① ② ③ ④ ⑤ +	Eigene Überlegungen:
- ① ② ③ ④ ⑤ +	Eigene Überlegungen:
- ① ② ③ ④ ⑤ +	Eigene Überlegungen:
	Zählen Sie die Punkte zusammen _____ von 40 möglichen Punkten
	Entscheidung für das Master-Studium
- ① ② ③ ④ ⑤ +	Es macht mir Spaß, mich weiter in mein Fachgebiet einzuarbeiten.
- ① ② ③ ④ ⑤ +	Ich arbeite gerne wissenschaftlich.
- ① ② ③ ④ ⑤ +	Ich habe die Seminare, Klausuren und Abschlussarbeiten im Bachelor gemeistert, dann werde ich auch die im Master-Studium meistern.
- ① ② ③ ④ ⑤ +	Ich kann mich noch zwei weitere Jahre als Studentin finanzieren.
- ① ② ③ ④ ⑤ +	Die Stellen, die mich ansprechen, sind oft nur mit Master möglich.
- ① ② ③ ④ ⑤ +	Eigene Überlegungen:

- ① ② ③ ④ ⑤ +	Eigene Überlegungen:
- ① ② ③ ④ ⑤ +	Eigene Überlegungen:
	Zählen Sie die Punkte zusammen _____ von 40 möglichen Punkten
	Aufnahme einer Promotion
- ① ② ③ ④ ⑤ +	Ich arbeite sehr gerne wissenschaftlich, nach wissenschaftlichen Regeln.
- ① ② ③ ④ ⑤ +	Es macht mir Spaß, viele wissenschaftliche Texte zu lesen.
- ① ② ③ ④ ⑤ +	Seminararbeiten im Bachelor und Master waren nie ein Problem für mich.
- ① ② ③ ④ ⑤ +	Ich kann es mir gut vorstellen, mich die nächsten drei bis fünf Jahre intensiv und selbstständig mit einem komplexen Thema auseinanderzusetzen.
- ① ② ③ ④ ⑤ +	Ich kann mein Forschungsvorhaben in einem Satz formulieren und ein Exposé zu verfassen ist/war kein Problem für mich.
- ① ② ③ ④ ⑤ +	Eigene Überlegungen:
- ① ② ③ ④ ⑤ +	Eigene Überlegungen:
- ① ② ③ ④ ⑤ +	Eigene Überlegungen:
	Zählen Sie die Punkte zusammen _____ von 40 möglichen Punkten

Checkliste Soziale Netzwerke

☐	Verwenden Sie ein aktuelles, professionelles und bewerbungstaugliches Foto von sich.
☐	Ihre Angaben zu Tätigkeiten und Berufserfahrungen müssen inhaltlich und zeitlich deckungsgleich mit denen Ihres CVs sein.
☐	Beschreiben Sie Ihre Person und Persönlichkeit in den entsprechenden Feldern so, wie Sie es im Anschreiben einer Bewerbung tun würden. Lassen Sie Ihre Texte auf Rechtschreib- und Tippfehler von einer Freundin gegenlesen.
☐	Werden Sie (nur) bewusst Mitglied einer oder mehrerer Gruppen auf LinkedIn und/oder XING. Auch Ihre Mitgliedschaften sagen etwas über Sie aus.
☐	Nehmen Sie nicht blind jede Kontaktanfrage an, sondern checken Sie jede Anfrage danach, ob Sie diese Person kennen und/oder ob Ihnen dieser Kontakt einen Mehrwert bringt.
☐	Achten Sie immer darauf, was Sie in Gruppen, Foren oder auf Seiten online schreiben. Das Netz vergisst nichts. Denken Sie daran, dass Ihre Beiträge möglicherweise in fünf oder zehn Jahren immer noch von Suchmaschinen und damit von potenziellen Arbeitgeberinnen zu finden sind.
☐	Sie müssen nicht warten, bis Sie ein Headhunter oder Recruiter über ein soziales Netzwerk anspricht. Wenn Sie ein bestimmtes Unternehmen interessiert, suchen Sie nach dessen Vertreterinnen (Recruiting, Hochschulmarketing, University Recruiting, …) auf XING und LinkedIn und schreiben Sie diese mit Ihren (gut bedachten und formulierten Fragen) an.

Checkliste Bewerbungsanschreiben

☐	Das Layout ist stimmig zum Lebenslauf. Auch in das Anschreiben gehören die vollständigen Kontaktdaten:
	  • Anschrift
	  • Telefon- und Handynummer
	  • Private E-Mail-Adresse (mit Klarnamen, keine Spitznamen oder Ähnliches, bekannter Provider oder eigene Domain)

☐	Auch ins digitale Anschreiben gehört die Anschrift des Unternehmens. Stimmt diese mit der in der Anzeige überein?
	  • Vollständiger Unternehmensname mit Rechtsform
	  • Abteilung (wie in der Anzeige angegeben)
	  • Ansprechpartner/in (heute ohne die Anrede „Herr/Frau", nur den Namen nennen)

☐	Ist das Datum aktuell und stimmt mit dem im Lebenslauf überein? • Form: Ort, TT.MM.JJJJ

☐	In der Betreffzeile
	  • Kein „betrifft", „Betreff:" oder Ähnliches schreiben
	  • Die Stellenbezeichnung exakt so benennen wie in der Anzeige
	  • ggf. eine Referenznummer und/oder die Quelle der Anzeige angeben

☐	Verweis • Falls Sie vorab Kontakt mit dem Unternehmen hatten, beziehen Sie sich in der Einleitung auf diesen direkten Kontakt namentlich

☐	Anrede
	  • Sprechen Sie den in der Adresse genannten Ansprechpartner an.
	  • Ist der Name korrekt geschrieben?

☐	Anforderungen • Nehmen Sie in Ihrem Anschreiben Bezug auf die Anforderungen der Stelle?
☐	Erfahrungen • Nennen Sie Ihre für die Stelle relevante Berufserfahrung?
☐	Ist Ihr Anschreiben frei von Problemschilderungen (z. B. mit dem letzten Arbeitgeber)?
☐	Nennen Sie Beispiele für Ihre erfolgreiche Arbeit?
☐	Ist Ihr Anschreiben auch für Fachfremde (Personalverantwortliche) verständlich? • Verwenden Sie keine Abkürzungen
☐	Nennen Sie Gehaltswunsch (falls gefordert) und Ihren Eintrittstermin?
☐	Deckt sich Ihr Schreiben gut mit dem Profil der Stellenanzeige?
☐	Ist Ihr Anschreiben unterschrieben? • Unter der Unterschrift wird der Name nicht noch einmal maschinell wiederholt!
☐	Haben Sie eine dritte Person das Anschreiben Korrektur lesen lassen? • Geben Sie der dritten Person auch die Stellenanzeige zum Cross Check

Checkliste CV

<table>
<tr>
<td>☐</td>
<td>

Welchen ersten Eindruck hinterlässt Ihr CV? Lassen Sie eine dritte Person Feedback geben…
- …zur Übersichtlichkeit
- …zur Verständlichkeit
- …zur Anpassung an die Anforderungen der Stelle

</td>
</tr>
<tr>
<td>☐</td>
<td>

Sind Ihre Kontaktdaten vollständig?
- Der vollständige Vor- und Zuname
- Die Anschrift, unter der Sie postalisch erreichbar sind
- Telefonnummer, am besten geben Sie Ihre Mobilfunknummer an, da Personalerinnen grundsätzlich keine Nachrichten auf einem Festnetz-Anrufbeantworter hinterlassen
- Private E-Mail-Adresse: Verwenden Sie eine Adresse mit Klarnamen, keine Kose- oder Spitznamen. Idealerweise legen Sie sich einen eigenen Account für Bewerbungen an. Verwenden Sie einen einigermaßen bekannten Email-Provider, damit Ihre Mails nicht versehentlich Spam-gefiltert werden.

</td>
</tr>
<tr>
<td>☐</td>
<td>

Haben Sie an alle persönlichen Daten gedacht?
- Geburtsdatum
- Geburtsort
- Nationalität, ggf. Aufenthaltsstatus und Arbeitserlaubnis

Den Familienstand und Kinder können Sie, müssen Sie aber nicht angeben.

</td>
</tr>
<tr>
<td>☐</td>
<td>

Ist die Gliederung Ihres CV stimmig und für jemanden, der Sie nicht kennt, nachvollziehbar?
- Stehen mit Blick auf die Stelle die wichtigsten und aktuellsten Ereignisse oben?
- Zeitanalyse: Gibt es zu füllende Lücken, die länger als ca. sechs Monate sind?
- Positionsanalyse: Gibt es einen roten Faden, der durch Ihre Karriere führt? Kann Ihre persönliche und berufliche Weiterentwicklung erkennen?

</td>
</tr>
<tr>
<td>☐</td>
<td>

Sind folgende Punkte enthalten?
- Beruflicher Werdegang
- Berufliche Fort- und Weiterbildung
- Akademischer und schulischer Werdegang
- ggf. Berufsausbildung
- Schulischer Werdegang (nur letzter, höchster Abschluss)
- IT- und Sprachkenntnisse
- ggf. ehrenamtliches Engagement

</td>
</tr>
<tr>
<td>☐</td>
<td>

Sind alle Zeitangaben gleich formatiert?
- z. B. MM/JJJJ oder MM/JJ
- von MM/JJ – MM/JJ
- Ist der Bindestrich zwischen den Angaben einheitlich lang?

</td>
</tr>
<tr>
<td>☐</td>
<td>

Haben Sie Abkürzungen vermieden?

</td>
</tr>
<tr>
<td>☐</td>
<td>

Verstehen auch unternehmens-/studienfremde Personen Ihre Tätigkeiten und Ausbildungen?
- Haben Sie Ihre Tätigkeiten, Ihr Studium und/oder Ihre Ausbildung in einigen Stichpunkten erläutert?

</td>
</tr>
<tr>
<td>☐</td>
<td>

Beruflicher Werdegang
- Haben Sie alle Stellen angegeben?
- Sind die Angaben zur Dauer der Beschäftigung monatsgenau?
- Stimmen die Angaben mit denen in mitgesandten Zeugnissen überein?
- Sind die Tätigkeiten immer einheitlich aufgebaut?

</td>
</tr>
</table>

Beispiel für einen einheitlichen Aufbau:

MM.JJJJ – MM.JJJJ   Unternehmen inkl. Gesellschaftsform, Unternehmensstandort
Stellenbezeichnung
- Stichpunkt 1 – Ihre Tätigkeit
- Stichpunkt 2 – Ihre Tätigkeit
- Stichpunkt 3 – Ihre Tätigkeit
- Ggf. herausragende Leistung in Ihrem Job

Wenn Sie viele Jahre für einen Arbeitgeber in verschiedenen Positionen gearbeitet haben, können Sie wie folgt gliedern:

MM.JJJJ – MM.JJJJ   Unternehmen inkl. Gesellschaftsform, Unternehmensstandort
MM.JJJJ – MM.JJJJ **Stellenbezeichnung**
- Stichpunkt 1 – Ihre Tätigkeit
- Stichpunkt 2 – Ihre Tätigkeit
- Stichpunkt 3 – Ihre Tätigkeit
- Ggf. herausragende Leistung in Ihrem Job

MM.JJJJ – MM.JJJJ **Stellenbezeichnung**
- Stichpunkt 1 – Ihre Tätigkeit
- Stichpunkt 2 – Ihre Tätigkeit
- Stichpunkt 3 – Ihre Tätigkeit
- Ggf. herausragende Leistung in Ihrem Job

MM.JJJJ – MM.JJJJ **Stellenbezeichnung**
- Stichpunkt 1 – Ihre Tätigkeit
- Stichpunkt 2 – Ihre Tätigkeit
- Stichpunkt 3 – Ihre Tätigkeit
- Ggf. herausragende Leistung in Ihrem Job

☐ Akademischer und schulischer Werdegang

- Haben Sie alle Ausbildungsstationen ab dem höchsten weiterführenden Schulabschluss angegeben?
- Sind die Angaben zur Dauer monatsgenau?
- Stimmen die Angaben mit denen in mitgesandten Zeugnissen überein?
- Haben Sie ggf. Studien- und/oder Ausbildungsschwerpunkte angegeben?

MM.JJJJ – MM.JJJJ   ausgeschriebener Name der Hochschule, Hochschulort
Studiengang mit (ggf. angestrebtem) Abschluss
- Studienschwerpunkte
- und/oder Nebenfächer

MM.JJJJ – MM.JJJJ   ggf. Auslandssemester, Hochschule, Land, Ort
- fachlicher Schwerpunkt

MM.JJJJ – MM.JJJJ   Name der weiterführenden Schule, Ort
Bezeichnung des Schulabschlusses

- Geben Sie nur die Schule an, in der Sie die Hochschulreife erworben haben.
- Berufsausbildungen und den damit verbundenen Berufsschulabschluss können Sie wie folgt angeben

MM.JJJJ – MM.JJJJ   Unternehmen inkl. Gesellschaftsform, Unternehmensstandort
Ausbildung zur Ausbildungsberufsbezeichnung, z. B. IHK/HWK

- Die Angabe von Abschlussnoten ist meist Geschmacksache, tendenziell verzichtet man darauf, da die Personalerin die Noten in den Anlagen zur Bewerbung sehen kann.
- Ausnahme sind Branchen/Berufe wie z. B. beim juristischen Staatsexamen, bei dem die Noten noch eine entscheidende Rolle spielen.

☐ Auslandsaufenthalte

  ● Haben Sie alle mehrmonatigen Auslandsaufenthalte entweder integriert oder in einem extra Punkt aufgeführt?

  IT- und Sprachkenntnisse

  ● Haben Sie alle relevanten IT- und Sprachkenntnisse mit nachvollziehbaren Angaben zum Umfang Ihrer Kenntnisse versehen?

Deutsch	Muttersprache
Englisch	verhandlungssicher C1+
Französisch	sehr gut B2
Schwedisch	gut B1
MS Office	sehr gute Anwenderkenntnisse (inkl. Visual Basic)
Spezialsoftware	Zertifikat in …
Spezialsoftware	erweiterte Anwenderkenntnisse
Java Script	gute Programmierkenntnisse
Python	Grundkenntnisse in der Programmierung

☐ Ehrenamtliches Engagement/außeruniversitäre Aktivitäten

  ● Ihr Engagement sagt viel über Sie aus. Hier gilt das Prinzip: Tue Gutes und rede darüber

  MM.JJJJ – heute Organisation, Ort
  Bezeichnung Ihres Engagements
    ● ggf. kurze Beschreibung
  MM.JJJJ – MM.JJJJ Teilnahme an einem Programm (z. B. Mentoring)
  Ihre Rolle
    ● ggf. kurze Beschreibung

☐ Hobbys

  ● Auch wenn es nicht meinem persönlichen Geschmack als Personaler entspricht, können Sie Hobbys angeben.

☐ Sonstiges

  ● Streichen Sie diesen Punkt. Entweder sind diese Inhalte wichtig genug, um Platz unter einer der anderen Überschriften zu finden oder sie können getrost weggelassen werden.

☐ Datum und Unterschrift

  ● Stimmt das Datum Ihres CV mit dem Ihres Anschreibens überein und ist maximal wenige Tage alt.
  ● Eine eingescannte Unterschrift ist schön aber kein Muss.

☐ Eine

Checkliste Referenzen

☐	Promotionsurkunde und -zeugnis: obligatorisch, falls vorhanden.
☐	Masterzeugnis: obligatorisch, falls vorhanden.
☐	Bachelorzeugnis: obligatorisch, falls vorhanden.
☐	Notenspiegel/Zwischenprüfungsleistungen: Je mehr Leistungsbewertungen darin enthalten sind, desto wichtiger wird es im Vergleich zur Hochschulreife.
☐	Zeugnis der Hochschulreife: Je mehr akademische Leistungen Sie bereits erbracht haben, desto unwichtiger wird das Zeugnis. Spätestens nach dem Bachelor kann es in den meisten Fällen weggelassen werden.
☐	Berufsschulzeugnis: Wichtiger als Ihr Berufsschulzeugnis wäre ein Arbeits-/Ausbildungszeugnis Ihres Ausbildungsbetriebs.
☐	
☐	
☐	
☐	
☐	
☐	

Checkliste Arbeitszeugnisse

☐ Trägt das Zeugnis die Überschrift „Arbeitszeugnis", „Praktikumszeugnis" oder „Zwischenzeugnis"?

☐ Einleitung

- Sind im ersten Satz Angaben zu Ihrer Person enthalten: vollständiger Name, Geburtsdatum?
- Ist Ihre Tätigkeitsbezeichnung exakt angegeben?
- Ist die Beschäftigungsdauer korrekt angegeben → stimmen diese mit Ihren Angaben im CV überein?

☐ Positionen

- Falls Sie in einem Unternehmen mehrere Stationen hatten, verschiedene Positionen bekleidet haben, sind diese richtig und vollständig aufgeführt?

☐ Tätigkeitsbeschreibungen

- Wird verständlich und genau beschrieben, was Sie im Unternehmen an Aufgaben übernommen haben?
- Relevant sind die Tätigkeiten, die Sie tatsächlich übernommen haben, ggf. auch über Ihren ursprünglichen Arbeitsvertrag hinaus.

☐ Leistungsbeurteilung

- Werden Ihre fachlichen Kompetenzen positiv beurteilt? Das Wort „stets" ist ein Hinweis für eine sehr gute Leistung.
- Werden Ihre persönlichen Kompetenzen gewürdigt? Achten Sie darauf, dass darunter keine Selbstverständlichkeiten wie Pünktlichkeit sind.
- Wird Ihr Fachwissen und Ihre Fähigkeit zu dessen Anwendung beurteilt?
- Wird ggf. Ihre unternehmensinterne Fort- und Weiterbildung berücksichtigt?

☐ Zusammenfassende Bewertung

- Gibt es eine zusammenfassende Bewertung Ihrer Leistungen?
- „stets zu unserer vollsten Zufriedenheit" = sehr gut
- „stets zu unserer vollen Zufriedenheit" = gut bis sehr gut
- „zu unserer vollen Zufriedenheit" = gut

☐ Ende des Arbeitsverhältnisses

- Ist das korrekte Datum des Endes der Arbeitsbeziehung angegeben und stimmt es mit dem Ausstellungsdatum des Zeugnisses überein?
- Ist es ein gerades Datum zur Monatsmitte oder zum Monatsende oder im Falle einer Befristung das entsprechende Datum? Krumme Daten sind ein Zeichen für eine fristlose Kündigung
- „… verlässt uns zum … auf eigenen Wunsch" – Sie haben gekündigt
- „… endet zum … im besten gegenseitigen Einvernehmen …" – Sie haben einen Aufhebungsvertrag geschlossen. Auch hier gelten krumme Daten als Alarmzeichen für ein ungutes Ende
- „… trennen wir uns von …" – Sie wurden gekündigt
- „… mit Ende der vereinbarten Vertragslaufzeit …" Sie haben einen befristeten Vertrag erfüllt.

☐ Dankes- und Bedauernsformel sowie Zukunftswünsche

- Enthält Ihr Zeugnis diese Formel, in der man Ihr Ausscheiden bedauert, sich bei Ihnen bedankt und Ihnen alles Gute für die Zukunft wünscht?

Checkliste Persönliche Referenzen

☐	Ist die Person, die die Referenz gibt, in entsprechender „wichtiger" Position
☐	Ist das Schreiben fehlerfrei?
☐	Steht die Person für Nachfragen zur Verfügung und hat Kontaktdaten hierfür angegeben?

Checkliste Zeugnisse zur Fort- und Weiterbildung

☐	Sind die Zeugnisse (insbesondere im IT-Bereich) noch aktuell?
☐	Passen die ausgewählten Zeugnisse zur Stelle, auf die Sie sich bewerben?
☐	Geben die Zeugnisse eine relevante/renommierte Leistung wieder? • Renommierte Bildungsinstitution • Hinreichender Umfang der Fort- und/oder Weiterbildung

Checkliste Vollständigkeit der Bewerbungsmappe

☐	Haben Sie Ihre Unterlagen in einem PDF Dokument zusammengefasst? • Anschreiben • CV • Referenzen Senden Sie die Dokumente ausschließlich als PDF. Nur so ist gewährleistet, dass Ihre Bewerbung auch auf dem Rechner des Unternehmens genauso aussieht wie auf Ihrem • Senden Sie keine zip-Datei • Senden Sie alles als eine Datei! Alternativ können Sie Ihr Anschreiben auch in die E-Mail schreiben. In diesem Fall brauchen Sie es nicht noch einmal in die PDF Datei integrieren.
☐	Haben Sie sich bei der Dateigröße an die Vorgaben aus der Stellenanzeige gehalten? • in der Regel zwischen 2 und 5 Mbyte
☐	Haben Sie alle Dokumente in die Bewerbung integriert, die gefordert werden?
☐	Versenden Sie Ihre Bewerbung über den E-Mail-Account, den Sie auch in Ihren Unterlagen angeben.
☐	Bleiben Sie in Ihrer E-Mail förmlich • Sehr geehrte*r Frau/Herr • Mit freundlichen Grüßen

Liste Ihrer Bewerbungen

Datum:	Unternehmen:	Stellenbezeichnung:	Stelle ausgeschrieben bis:	Zwischenbescheid erhalten am:	Status:
					□ Zwischenbescheid □ Absage □ Zusage □ Interview am:
					□ Zwischenbescheid □ Absage □ Zusage □ Interview am:
					□ Zwischenbescheid □ Absage □ Zusage □ Interview am:
					□ Zwischenbescheid □ Absage □ Zusage □ Interview am:
					□ Zwischenbescheid □ Absage □ Zusage □ Interview am:
					□ Zwischenbescheid □ Absage □ Zusage □ Interview am:
					□ Zwischenbescheid □ Absage □ Zusage □ Interview am:
					□ Zwischenbescheid □ Absage □ Zusage □ Interview am:
					□ Zwischenbescheid □ Absage □ Zusage □ Interview am:

Checkliste Vorbereitung auf das Bewerbungsgespräch

☐	Prägen Sie sich die Namen und Positionen Ihrer Ansprechpartnerinnen beim Gespräch ein.
☐	Planen Sie Ihren Weg zum Ort des Bewerbungsgesprächs mit einem ordentlichen zeitlichen Puffer (Stau, Ausfall ÖPNV, etc.). Idealerweise machen Sie eine Probefahrt zur genannten Adresse.
☐	Für den Smalltalk: Informieren Sie sich über das Unternehmen und einige seiner Rahmendaten. Sehen Sie sich auf der Webseite aktuelle Projekte an und/oder suchen Sie online nach aktuellen (positiven) Nachrichten über das Unternehmen.
☐	Machen Sie sich Gedanken darüber und fassen diese in Worte, welche Stärken und Qualifikationen Sie für die Stelle mitbringen und was Sie ggf. noch lernen wollen.
☐	Fassen Sie in Worte, wie Sie sich Ihre Arbeit im Unternehmen vorstellen und leiten Sie daraus ggf. auch Fragen ans Unternehmen ab.
☐	Formulieren Sie in ein bis zwei Sätzen, warum Sie sich für das Unternehmen und diese Stelle interessieren…
☐	…und welchen Mehrwert Sie dem Unternehmen bringen wollen.
☐	Seien Sie sich bewusst, dass alle Angaben – mit Ausnahme der unzulässigen – wahrheitsgemäß sein müssen.
☐	Spielen Sie das Bewerbungsgespräch mit einer Freundin als Rollenspiel durch und lassen Sie sich im Anschluss Feedback geben.

Checkliste Fallstudien bearbeiten

(1)	Überblick verschaffen:
	Verschaffen Sie sich einen ersten Überblick. Achten Sie dabei insbesondere auf Abbildungen, Tabellen, Überschriften und hervorgehobene Informationen.
(2)	Probleme nach Dringlichkeit und Wichtigkeit sortieren:
	Lesen Sie vorhandene Texte und Angaben ein zweites Mal durch. Machen Sie sich Notizen/Anmerkungen. Anschließend versuchen Sie, die Kern-/Hauptprobleme zu identifizieren.
(3)	Visualisierung der Zusammenhänge:
	Stellen Sie die relevanten kausalen Zusammenhänge in einer Grafik dar.
(4)	Einflussfaktoren:
	Überlegen Sie, welche unternehmensinternen und/oder externen Faktoren das Geschehen/den Fall beeinflussen.
(5)	Ressourcen- und Aufwandsanalyse:
	Welche Ressourcen benötigen Sie, um den Fall zu lösen? Dazu zählen Personal-, Sach- und sonstige organisationale Ressourcen. Im Anschluss machen Sie sich Gedanken zu den damit verbundenen Kosten.
(6)	Lösungs- und Ergebnis-Szenarien:
	Stellen Sie Ihre Lösung in Szenarien dar. Berücksichtigen Sie dabei einen Best, einen Worst und den Most Probable Case.
(7)	Umsetzung/Plan/konkrete Ziele:
	Erarbeiten Sie einen Plan zur Umsetzung Ihrer Lösung. Definieren Sie konkrete, messbare, realistische und zeitlich definierte Ziele.
(8)	Lösungsfokussierte Präsentation:
	Präsentieren Sie die Lösung Ihres Falls in Präsentation mit max. 5 Folien.

Checkliste Die ersten hundert Tage im Job

☐	Nutzen Sie die ersten Tage und Wochen dazu, Ihren Kolleginnen und Ihrer Führungskraft alle Fragen zu stellen, die Ihnen in den Sinn kommen.
☐	Achten Sie insbesondere dann auf gutes Nachfragen im Sinne der Auftragsklärung, wenn Sie neue Aufgaben übertragen bekommen.
☐	Machen Sie sich Notizen zu Ihren Fragen und Ihrer Einarbeitung.
☐	Falls Sie keinen Einarbeitungsplan bekommen, fragen Sie danach oder erarbeiten Sie einen mit Ihrer Mentorin/Ihrer Patin.
☐	Falls Sie keine Patin oder Mentorin haben, fragen Sie nach einer entsprechenden Person bei Ihrer Führungskraft.
☐	Schließen Sie sich nach Möglichkeit den Gruppen zum Mittagessen an. Oder gehen Sie gemeinsam mit Kolleginnen in die Kaffeepause.
☐	Fordern Sie aktiv Feedback von Ihrer Führungskraft und Ihren Kolleginnen ein.
☐	Sie sind motiviert, zeigen Sie das, indem Sie auch aktiv fragen, ob und wie Sie in Ihrem Arbeitsbereich unterstützen können.
☐	Trauen Sie sich nach einer guten Einführung in eine Aufgabe zu, diese beim nächsten Mal selbstständig auszuführen.
☐	Bringen Sie eigenen Ideen in angemessener Weise und Maß ein. Gerade in der ersten Zeit ist es wichtig, gut zuzuhören und zuzuschauen. Wenn Sie aber eine überzeugende Idee haben, zögern Sie nicht, diese zu äußern.
☐	Raum für Ihre eigenen Ideen zur Einarbeitung:
☐	Raum für Ihre eigenen Ideen zur Einarbeitung:
☐	Raum für Ihre eigenen Ideen zur Einarbeitung:

Checkliste Mobbing

☐	Sie fühlen sich nachhaltig belastet. Können nach der Arbeit nicht abschalten, grübeln über Situationen aus der Arbeit und schlafen deshalb schlecht oder nicht.
☐	Eine oder mehrere Kolleginnen kritisieren Sie permanent und unverhältnismäßig. Sie fühlen sich häufig ungerecht behandelt.
☐	Sie werden aktiv ausgeschlossen. Zum Beispiel werden Sie in Mail-Verteiler nicht integriert oder man schließt bewusst Sie von sozialen Aktivitäten in und rund um die Arbeit aus.
☐	Über Sie werden Gerüchte verbreitet oder man lästert über Sie.
☐	Ihre Arbeit wird sabotiert.
☐	Ihnen werden Informationen vorenthalten, die Sie zur Erledigung Ihrer Arbeit benötigen.
☐	Man teilt Ihnen im Team wiederholt und übermäßig Aufgaben zu, die deutlich unter Ihrem Niveau liegen.
☐	Die oben genannten Dinge geschehen wiederholt über einen Zeitraum von mehreren Wochen oder länger.
☐	Welche weiteren Indizien sehen Sie:
☐	Welche weiteren Indizien sehen Sie:

Checkliste Bossing

☐	Sie fühlen sich nachhaltig belastet. Können nach der Arbeit nicht abschalten, grübeln über Situationen aus der Arbeit und schlafen deshalb schlecht oder nicht.
☐	Sie erhalten dauerhaft oder immer wieder Aufgaben unter Ihrem Qualifikationsniveau.
☐	Ihre Chefin kritisiert Sie aus nichtigem Anlass vor anderen Kolleginne.
☐	Sie werden unverhältnismäßig, z. B. als faul, dumm oder unfähig kritisiert.
☐	Ihnen werden sinnfreie Anweisungen und/oder Aufgaben gegeben.
☐	Ihre Chefin nutzt die Führungsposition aus.
☐	Die oben genannten Dinge geschehen wiederholt über einen Zeitraum von mehreren Wochen oder länger.
☐	Welche weiteren Indizien sehen Sie:
☐	Welche weiteren Indizien sehen Sie:

Wege aus dem Mobbing/Bossing

☐	Tauschen Sie sich mit Freundinnen oder Familienangehörigen Ihres Vertrauens über diese Vorkommnisse aus. Wie beurteilen diese die Situation?
☐	Stellen Sie Transparenz her. Konfrontieren Sie die betroffenen Akteure mit deren Verhalten und sprechen diese sachlich darauf an, warum Sie sich so verhalten.
☐	Machen Sie sich Notizen zu allen Vorkommnissen. Wann ist was passiert? Wer war beteiligt? Wie haben Sie reagiert?
☐	Im Falle des Mobbings – hat die direkte Ansprache nicht gefruchtet – suchen Sie das Gespräch mit Ihrer Führungskraft. Im Falle des Bossing wenden Sie sich an die Führungskraft Ihrer Chefin.
☐	Hat auch dies nichts geändert, wenden Sie sich an Ihren Personal- oder Betriebsrat. Gibt es in Ihrem Unternehmen keinen, holen Sie sich Rat bei der Gewerkschaft.
☐	Bringt dies alles nichts, wenden Sie sich an einen Fachanwalt für Arbeitsrecht und kündigen Sie in letzter Konsequenz. Das ist kein Scheitern oder Aufgaben, sondern Sie schützen so Ihre geistige und körperliche Gesundheit!

Checkliste Traineeprogramm

☐	Das Unternehmen ist hinreichend groß, um Ihnen Einblicke in verschiedene Bereiche gewähren zu können.
☐	Es gibt einen festen, für Sie nachvollziehbaren Plan, wie viel Zeit, Sie in welchen Bereichen des Unternehmens verbringen.
☐	Sie haben Einfluss darauf, in welchem Bereich Sie nach Abschluss arbeiten wollen.
☐	Das Unternehmen übernimmt in der Regel die Trainees nach Abschluss des Programms.
☐	Sie beziehen ein für Akademikerinnen angemessenes Gehalt.
☐	Das Traineeprogramm dauert in etwa zwei Jahre.
☐	Das Programm wird von Fortbildungsmaßnahmen flankiert.
☐	Sie haben eine feste Ansprechpartnerin/Patin für die Zeit des Programms, unabhängig von den Abteilungen, in denen Sie sind.
☐	Sie haben Gelegenheit und entsprechende Foren, um sich mit anderen Mentees im Unternehmen auszutauschen.
☐	Trainees haben in der Unternehmenskultur den Stellenwert voller Mitarbeiterinnen und es werden ihnen entsprechende anspruchsvolle Aufgaben und Verantwortungen übertragen.
☐	Es gibt die Möglichkeit eines Auslandsaufenthaltes im Konzern.

Entscheidungshilfe Start-up, Mittelstand oder Großkonzern

Passt die Arbeit in einem Start-Up zu mir?	
Ein junges Team ist mir wichtig.	- ①②③④⑤ +
Flache Hierarchien sind mir besonders wichtig. Ich will sehr nah am Management/an den Gründerinnen arbeiten.	- ①②③④⑤ +
Feste Prozesse und Standards sind mir nicht wichtig.	- ①②③④⑤ +
Ich lege Wert auf flexible Arbeitszeiten, jenseits von 9 to 5.	- ①②③④⑤ +
Ich kann gut mit Fehlern umgehen.	- ①②③④⑤ +
Ein sicherer Arbeitsplatz ist mir weniger wichtig.	- ①②③④⑤ +
Ich kann gut improvisieren.	- ①②③④⑤ +
Ich kann mit Chaos gut umgehen.	- ①②③④⑤ +
Ich kann sehr gut und schnell mit Veränderungen umgehen.	- ①②③④⑤ +
Ich kann mir gut vorstellen, einmal selbst zu gründen.	- ①②③④⑤ +
Eigene Überlegung:	- ①②③④⑤ +
Eigene Überlegung:	- ①②③④⑤ +
Summe der Punkte x von 60 Punkten	_____
Passt die Arbeit in mittelständischen Unternehmen zu mir?	
Ich will in einem Unternehmen mit flachen Hierarchien arbeiten.	- ①②③④⑤ +
Ein sicherer Arbeitsplatz ist mir wichtig.	- ①②③④⑤ +
Ich will einen möglichst breiten Einblick in ein Unternehmen haben, mit vielen verschiedenen Abteilungen zu tun haben.	- ①②③④⑤ +
Eine persönliche, familiäre Arbeitsatmosphäre ist mir sehr wichtig.	- ①②③④⑤ +
Ich will mich längerfristig an das Unternehmen binden.	- ①②③④⑤ +
Unternehmerisches Denken ist mir nicht fremd.	- ①②③④⑤ +
Ich fühle mich meiner Region/der Region des Unternehmens verbunden.	- ①②③④⑤ +
Ich muss nicht unbedingt in einer großen Stadt arbeiten.	- ①②③④⑤ +

Im Zweifel ist mir der Inhalt der Arbeitsstelle wichtiger als schnelle Gehaltssprünge.	- ①②③④⑤ +
Mir ist das Gefühl wichtig zu sehen, dass meine Arbeit zum Gesamterfolg des Unternehmens beiträgt.	- ①②③④⑤ +
Eigene Überlegung:	- ①②③④⑤ +
Eigene Überlegung:	- ①②③④⑤ +
Summe der Punkte x von 60 Punkten	————

Passt die Arbeit in einem Großkonzern zu mir?

Ich habe kein Problem mit großen Hierarchien.	- ①②③④⑤ +
Ich arbeite gern entlang definierter Prozesse.	- ①②③④⑤ +
Ich will in einem Unternehmen arbeiten, dass sehr viele unterschiedliche Bereiche hat.	- ①②③④⑤ +
Ich kann mit einer gewissen Anonymität im Unternehmen umgehen.	- ①②③④⑤ +
Ein sicherer Arbeitsplatz ist mir besonders wichtig.	- ①②③④⑤ +
Ich will in einem Unternehmen arbeiten, wo es möglichst viele Möglichkeiten für eine Spezialisten-/Führungskarriere gibt.	- ①②③④⑤ +
Ich bin überregional/international flexibel.	- ①②③④⑤ +
Der Name und die Bekanntheit des Unternehmens sind mir wichtig.	- ①②③④⑤ +
Ein höheres, tarifgebundenes Gehalt ist mir wichtig.	- ①②③④⑤ +
Mir gefällt das Gefühl, kleiner Teil eines größeren Ganzen zu sein.	- ①②③④⑤ +
Eigene Überlegung:	- ①②③④⑤ +
Eigene Überlegung:	- ①②③④⑤ +
Summe der Punkte x von 60 Punkten	————

Grundregeln Work-Life-Balance

☐	Trennen Sie private und berufliches Equipment voneinander: Smartphone und Notebook. Wenn Sie private und berufliche Nachrichten auf dem jeweils selben Gerät empfangen, werden Sie immer versucht sein, neben einer privaten Nachricht auch schnell noch eine berufliche zu bearbeiten. Insbesondere beim Smartphone hätten Sie immer und überall Ihre Chefin und Ihre Kolleginnen dabei, die sich jederzeit mit dem Brummen einer eingehenden Nachricht in Erinnerung bringen, abends wenn Sie mit Freundinnen aus sind oder wenn Sie mit Ihrem Partner im Urlaub sind.
☐	Wenn Sie Homeoffice machen, trennen Sie die Arbeits- und Privatsphäre auch zu Hause räumlich. Gehen Sie zum Arbeiten in Ihr Arbeitszimmer oder an Ihren gewohnten Arbeitsplatz zu Hause. Verlegen Sie das Homeoffice nicht ins Wohnzimmer oder einen anderen Raum, der zu Ihrer Privatsphäre gehört.
☐	Legen Sie für sich Ihre Arbeitszeiten und -grenzen fest. Das muss nicht nine-to-five sein. Aber Sie sollten für sich passende Grenzen ziehen und sich ausreichend Zeit für Freizeit, Erholung und Schlaf einplanen. Wenn Sie sich keine entsprechenden Grenzen setzen, sind Sie keine besonders fleißige und gewissenhafte Mitarbeiterin, sondern nach einer bestimmten Zeit, vielleicht erst in ein paar Jahren, geht Ihnen womöglich die Energie aus und die Freude an der Arbeit verloren.
☐	Machen Sie sich den Unterschied zwischen guten Kolleginnen und Freundinnen bewusst. Selbstverständlich können Kolleginnen auch zu Freundinnen werden. Das sind aber nicht zwangsläufig alle Kolleginnen, mit denen Sie sich gut verstehen. Warum ist das wichtig? Sie sollten sich gut überlegen, wem Sie hier über Ihre Arbeitszeit hinaus Zeit und Aufmerksamkeit widmen. Welchen Personen gestehen Sie es gerne zu, Sie auch in Ihrer Freizeit zu kontaktieren und welchen nicht?
☐	Blocken Sie sich in Ihrem Kalender mehrere freie Zeiten für sich als Termin. Idealerweise haben Sie hier mehrere, regelmäßige mehrstündige Blöcke in der Woche. In diese Zeit legen Sie keine privaten oder beruflichen Termine, sondern gönnen sich Spontaneität.
☐	Ihre eigenen Ideen für eine gute Work-Life-Balance:
☐	Ihre eigenen Ideen für eine gute Work-Life-Balance:

Meine persönlichen Regeln für die Work-Life-Balance

(1)

(2)

(3)

(4)

(5)

NAME
Persönlicher Werdegang

Straße
PLZ Ort
Telefon
E-Mail

geb. am
in

Akademischer und schulischer Werdegang

mm.jj – heute   **Studiengangsbezeichnung, Abschluss**
Institution, Ort
ggf. Beschreibung

mm.jj – mm.jj   **Studiengangsbezeichnung, Abschluss**
Institution, Ort
ggf. Beschreibung

mm.jj – mm.jj   **Höchster Schulabschluss**
Institution, Ort
ggf. Beschreibung

➜ Immer vom Wichtigen zum weniger Wichtigen und vom Aktuellen zum weniger Aktuellen gliedern
➜ Wenn Sie schon viel praktische Erfahrung haben, ist zu überlegen, diese an erste Stelle zu setzen.

Praktische Erfahrungen/Beruflicher Werdegang

mm.jj – mm.jj   **Bezeichnung der Stelle, sprechender Titel**
Unternehmen, Ort
- Tätigkeit 1 – kurz und prägnant
- Tätigkeit 2 – kurz und prägnant
- Tätigkeit 3 – kurz und prägnant

mm.jj – mm.jj   **Bezeichnung der Stelle, sprechender Titel**
Unternehmen, Ort
- Tätigkeit 1 – kurz und prägnant
- Tätigkeit 2 – kurz und prägnant
- Tätigkeit 3 – kurz und prägnant

mm.jj – mm.jj   **Bezeichnung der Stelle, sprechender Titel**
Unternehmen, Ort
- Tätigkeit 1 – kurz und prägnant
- Tätigkeit 2 – kurz und prägnant
- Tätigkeit 3 – kurz und prägnant

Ehrenamtliches Engagement

mm.jj – mm.jj   Beschreibung
mm.jj – mm.jj   Beschreibung
mm.jj – mm.jj   Beschreibung

Sprachen und IT-Skills

Sprache 1   Muttersprache
Sprache 2   C1
Sprache 3   B1

MS Office   solide Anwenderkenntnisse
VBA   Grundkenntnisse
Java   Grundkenntnisse

Persönliche Interessen

Interesse1, Interesse 1, Interesse 3, …

Ort, Datum

Picasso

[eingescannte Unterschrift]

Printed in the United States
By Bookmasters